AF544437

ARCHITEKTEN REISEN

DESIGN-
REFUGIEN
IN DEN
ALPEN

SIBYLLE KRAMER

ARCHITEKTEN REISEN

DESIGN-
REFUGIEN
IN DEN
ALPEN

BRAUN

Inhalt

Inhalt

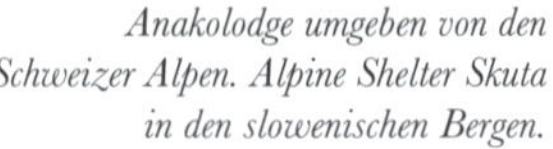
Anakolodge umgeben von den Schweizer Alpen. Alpine Shelter Skuta in den slowenischen Bergen.

Vorwort

Seit jeher sind die Menschen von den Bergen fasziniert. Sie sind eine Quelle der Kraft und Symbol für die Freiheit, der perfekte Ort für eine intensive Auszeit, zur Selbstfindung, für ein großes Abenteuer oder die sportliche Herausforderung. Jenseits von städtischem Trubel, Lärm und quirliger Hektik locken Natur und Tierwelt, Weitblick und Inspiration, sportliche Aktivitäten, Ruhe und Erholung.

Nach dem Erfolg der Bände „Where Architects Stay“, „Where Architects Stay in Europe“ und „Architekten Reisen“, entspricht dieser neue, auf die Alpen fokussierte Band den Wünschen der Leser nach einem geografisch dichterem Architekturreiseführer für die Alpen.

Die Alpen bilden die größte Gebirgskette in Zentraleuropa, die Region erstreckt sich auf einer Fläche von rund 200.000 Quadratkilometern über Frankreich, Monaco, Italien, die Schweiz, Deutschland, Liechtenstein, Österreich und Slowenien und verfügt über 128 Berge, die höher als 4.000 Meter sind – allen voran der Mont Blanc, der mit 4.809 Meter Höhe in den Himmel ragt.

Das aktuelle Buch zeigt 48 wunderbare Unterkünfte mit starken architektonischen und konsequent umgesetzten Konzepten in dieser faszinierenden Umgebung der Alpen. Die Architektur tritt mit den Bergen in den Dialog und zeigt sich mal archaisch rau,

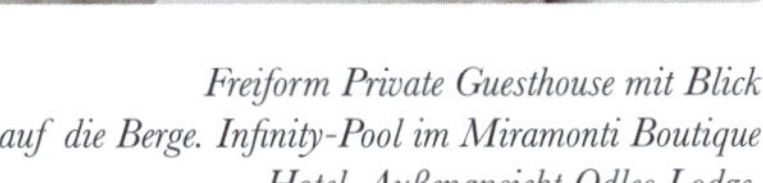

Freiform Private Guesthouse mit Blick auf die Berge. Infinity-Pool im Miramonti Boutique Hotel. Außenansicht Odles Lodge.

hölzern und naturnah oder auch kontrastierend filigran. An dem Entwurf und der Gestaltung der Häuser sind jeweils eigene Geschichten, der Bezug zu den Bergen und ihre individuellen Besonderheiten ablesbar. So werden Dachformen von Bergspitzen, Farben von der Umgebung und Fassadenöffnungen von den bezaubernden Ausblicken inspiriert. Traditionelle Bauformen und Nutzungen werden zitiert und modern interpretiert und schaffen so einerseits den historischen Bezug zu dem Ort und andererseits eine moderne, warme und komfortable Atmosphäre. Geprägt von einem nachhaltigen Umgang mit den Ressourcen und einer respektvollen Haltung gegenüber der Natur, zeigen alle in diesem Band vorgestellten Häuser ganz unterschiedliche, aber immer einzigartige, individuell und qualitätvoll umgesetzte Konzepte. Im Zusammenspiel mit der atemberaubenden Natur, die ein vielseitiges, aktives und entspannendes Freizeitangebot schafft, laden Sie die hier präsentierten Unterkünfte zu einem unvergesslichen Aufenthalt ein.

INFORMATIONEN. ARCHITEKTURBÜRO> NOA* NETWORK OF ARCHITECTURE // 2017. HOTEL> 6 MINI-CHALETS MIT JE 4 ZIMMERN // 23 QM JEDES ZIMMER // 2 GÄSTE PRO ZIMMER. ADRESSE> ALPE DI SIUSI, SALTRIA, ITALIEN. WWW.ZALLINGER.COM

Zallinger

SALTRIA, ITALIEN

Der Zallinger zeigt einen vorbildlichen Umgang mit einer historischen Substanz im landschaftlich wertvollen Kontext. Traditionelle Formen und Materialien werden aufgegriffen und neu interpretiert, um so dem Konzept der Gastfreundschaft mit hohem Anspruch an Nachhaltigkeit, Designqualität und Komfort gerecht zu werden. Die Scheunen aus dem 19. Jahrhundert wurden architektonisch als Mini-Chalets wiedergeboren. Sie bringen den Charme eines Alpendorfs zurück und schaffen neue Räume, ohne die bestehenden Volumen zu verändern. Inspiriert von der Struktur alter Scheunen, entwarfen die Architekten für die Chalets eine Außenwandverkleidung aus massiven Holzblöcken. Vor den großen Fenstern lassen sich die Flächen öffnen und geben den Blick auf die spektakuläre Alpenlandschaft frei. Die Fassadenhülle sorgt für ein einheitliches Erscheinungsbild und schafft ein zauberhaftes Lichtspiel. Im Inneren dominieren warme und natürliche Materialen wie naturbelassenes Lärchenholz und Lodenstoffe in Kombination mit ressourcenschonender Ausstattung. Immer wieder zeigen schöne Details, wie wichtig dem Zallinger und seinen Architekten der Umgang mit der Natur, den Bergen und der Nachhaltigkeit ist. So wurden die Verbindungswege zwischen den Chalets und der Hütte nicht beleuchtet, um Lichtverschmutzung zu vermeiden und den mit Laternen ausgestatteten Gästen die Möglichkeit zu geben, den Zauber des Sternenhimmels zu bewundern.

Ansicht Fassade. Detail Ruheraum. Innenansicht maßgefertigte Möbel. Außenansicht des von Schnee umgebenen Chalets.

Zimmer mit Glasdusche. Detail Sauna mit Verglasung. Außenansicht der Fassade. Grundriss. Innenansicht Zimmer.

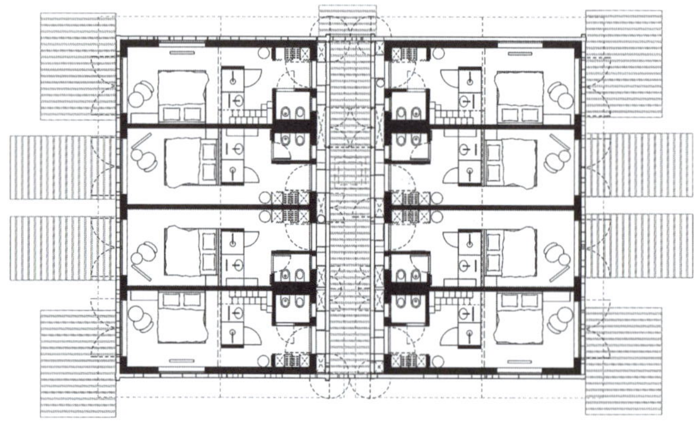

SEHEN & ERLEBEN. DAS ZALLINGER LIEGT DIREKT AN DER SKIPISTE DER SEISER ALM UND WIRD AUCH VON EXTERNEN GÄSTEN ZUM ESSEN UND ENTSPANNEN BESUCHT. AUF DER PANORAMATERRASSE GENIESST MAN VON MORGENS BIS ABENDS LANDESTYPISCHE KÖSTLICHKEITEN – SELBSTGEMACHT AUS REGIONALEN, SAISONALEN ZUTATEN. FÜR DIE HAUSGÄSTE BIETET DAS ZALLINGER AUSSERDEM EINE SAUNA MIT AUSBLICK AUF DIE BERGLANDSCHAFT.

INFORMATIONEN. ARCHITEKTURBÜRO> PEDEVILLA ARCHITECTS + ARCH. CAROLINE WILLEIT // 2013. HAUS> 200 QM // 6–8 GÄSTE // 2 SCHLAFZIMMER // 1 BADEZIMMER. ADRESSE> PLISCIA 13, ENNEBERG MAREBBE, SÜDTIROL, ITALIEN. WWW.LAPEDEVILLA.IT

Chalet la Pedevilla

SÜDTIROL, ITALIEN

Die Kulturlandschaft des Gadertales im Herzen der Dolomiten ist von den vielen Weilern, genannt „viles", geprägt. Diese bilden eine kleine Gruppe von Höfen, die sich durch ihre Geschlossenheit auszeichnen. Im Gegensatz zu den Einzelhöfen haben sie den Zweck eine Gemeinschaft zu bilden, die sich durch gegenseitige Nachbarschaftshilfe und das Anbieten der elementaren landwirtschaftlichen Dienste unter den in der „vila" lebenden Familien auszeichnet. In einem Weiler von Enneberg, auf 1.280 Meter Höhe liegt das mit Bezug auf die Bautradition der „viles" ausgeformte Gebäudeensemble Chalet la Pedevilla. Die zwei versetzten Baukörper mit ihrer behutsamen Einfügung in den Hang entsprechen dem örtlichen Paarhoftypus. Regionale Ornamente und charakteristische Merkmale wie Satteldach, Loggia und Holzfassade werden aufgenommen und durch eine klare eigenständige Interpretation neu umgesetzt. In den gezielt belichteten Innenräumen treffen warmes Zirbenholz und weiche Lodenstoffe auf weißen Sichtbeton und schaffen eine beschützende, wohnliche und vertraute Atmosphäre. Die eigene Wasserquelle, Erdwärme, passive Sonnenenergienutzung und eine Fotovoltaik-Anlage versorgen das Haus mit Energie und machen es energetisch autark. Durch die genau positionierten Fensteröffnungen konnte auf Beschattungselemente gänzlich verzichtet werden. Der gewünschte Sonneneintrag im Winter reduziert die Heizkosten und sorgt für ein behagliches Raumklima.

Chalet von außen. Innenansicht. Essecke mit Panoramafenster. Chalet la Pedevilla mit Bergen.

Innenansicht Wohnbereich.
Blick auf die Küche. Grundriss.

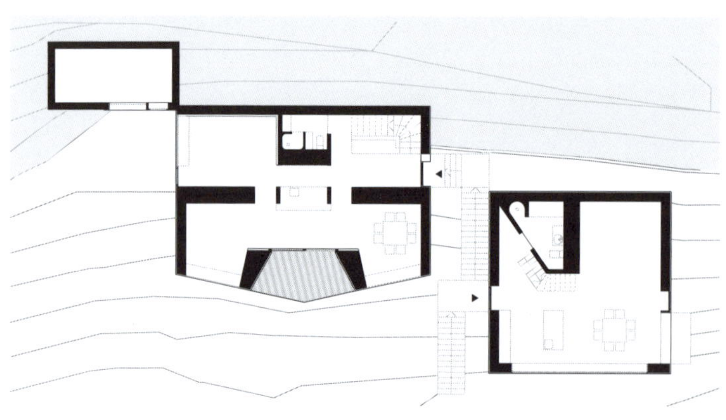

SEHEN & ERLEBEN. DIE DOLOMITEN SIND ALS UNVERWECHSELBARE BERGLANDSCHAFT SÜDTIROLS UND FÜR IHR AUSSERGEWÖHNLICHES SKIGEBIET BEKANNT UND BIETEN ZU JEDER JAHRESZEIT VIEL ABWECHSLUNG. BRUNECK ALS HAUPTEINZUGSGEBIET DES PUSTERTALES UND DER TOURISTISCHE HAUPTORT DES GARDATALES, ST.VIGIL IN ENNEBERG, VERSPRECHEN EINEN VIELSEITIGEN UND UNVERGESSENEN AUFENTHALT. EINES DER VIELEN HIGHLIGHTS SIND DIE ZWEI STANDORTE DES MESSNER MOUNTAIN MUSEUM MIT RIPA UND CORONES.

Hausansicht von unten.
Innenansicht Schlafbereich.

INFORMATIONEN. ARCHITEKTURBÜRO> GEBAUER.WEGERER. WITTMANN ARCHITEKTEN BDA // 2018. BOUTIQUE-HOTEL> 3 GARTENLOFTS MIT 57, 58 UND 66 QM // 4 GÄSTE JE GARTENLOFT // 1 SCHLAFZIMMER UND AUSKLAPPBARES DOPPELBETT IM WOHNRAUM // 1 BADEZIMMER. ADRESSE> GUNTRAMS 11, SCHWARZAU AM STEINFELD, ÖSTERREICH. WWW.GUNTRAMS11.AT

Gartenlofts mit Blick auf die umliegenden Berge. Schwebendes und klappbares Doppelbett im Wohnzimmer. Außenansicht Gartenlofts mit Brunnen aus versteinertem Holz.

Gartenlofts Gut Guntrams

SCHWARZAU AM STEINFELD, ÖSTERREICH

Zu dem bereits bestehenden landwirtschaftlichen Betrieb des Gut Guntrams wurden drei neue Gästehäuser mit angeschlossener Gastronomie und Hofladen zum Verkauf der vor Ort produzierten Produkte ergänzt. Das neue Gebäude mit Gastronomie und Hofladen wurde als Abgrenzung entlang des bestehenden Straßenraums angeordnet und bildet das Rückgrat der neuen Anlage. Zur Straße stellt sich das Gebäude sehr geschlossen dar und zeigt eine klare Ausrichtung zu den wunderschönen Obst- und Kristallgärten. Aufgrund des begrenzten Baufelds mussten die drei neuen Gartenlofts direkt vor dem Funktionsgebäude mit gastronomischem Freibereich untergebracht werden. Um von dort den Blick in den weitläufigen Obstgärten nicht zu versperren, entstand die Idee, die Gästehäuser als drei schwebende ungleichförmige Holzkuben auszuführen, unter welchen die Landschaft durchfließen kann. Durch das Aufständern wurde zum einen der Bezug des gastronomischen Bereichs zu den umliegenden Gärten geschaffen, und zum anderen ermöglicht die höhere Lage der Gästeappartements einen herrlichen Panoramablick auf die westlich gelegenen Wiener Alpen.
Die Verwendung von Holz als vorherrschendem Baustoff lag aufgrund der ökologischen und nachhaltigen Ausrichtung des Gutes und dem starken landschaftlichem Bezug der Anlage auf der Hand. Zudem führt die nachhaltige Materialwahl auch zu einer sehr sanften und selbstverständlichen Verbindung der neuen Häuser mit der umgebenden Natur. Holz als vorrangiger Baustoff führt auch im Inneren der Gartenlofts zu einem sinnlichen Naturerlebnis und lässt die Gäste einen unvergessenen Aufenthalt erleben.

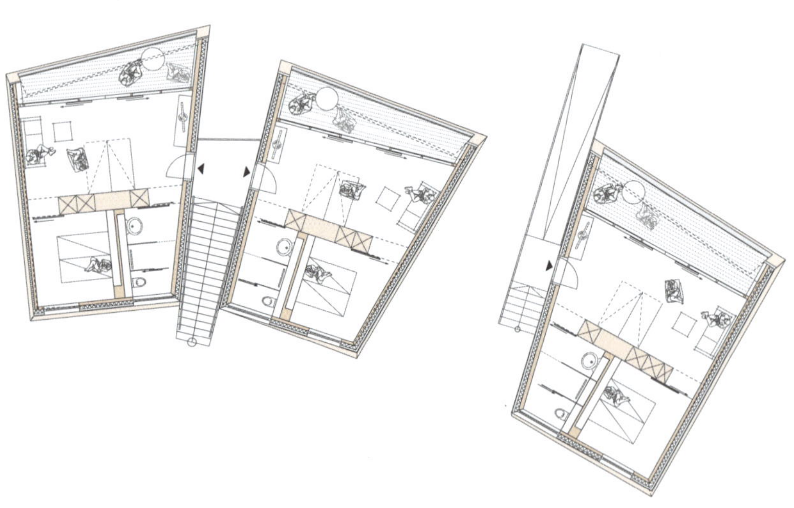

SEHEN & ERLEBEN. DAS BOUTIQUE-HOTEL GUT GUNTRAMS LIEGT AM FUSS DER BUCKLIGEN WELT MIT BLICK AUF DIE WIENER ALPEN. DIE UMGEBUNG EIGNET SICH SEHR GUT FÜR WANDERUNGEN. DIE BURG SEEBENSTEIN UND DER TÜRKENSTURZ SIND ZU FUSS ERREICHBAR. NAHE SIND DIE THERME VON LINSBERG UND DIE GOLFKLUBS LINSBERG UND FÖHRENWALD. WER BERGLUFT SCHÄTZT, KOMMT ÜBER DIE SCHNEEBERGBAHN UND DIE RAXSEILBAHN SCHNELL IN DIE HÖHE. TAGESAUSFLÜGE IN DIE WEINREGION MITTELBURGENLAND, ZUM NEUSIEDLERSEE ODER NACH WIEN (60 KM) BIETEN JEDE MENGE ABWECHSLUNG.

Gartenlofts in der Abenddämmerung.
Grundrisse. Fassadendetail.

Gartenloft Marille mit Loggia.
Blick auf Badewanne aus Granit und auf Rebstöcke. Lokal Veranda mit Hofladen.

INFORMATIONEN. ARCHITEKTURBÜRO> BERNHARD STUCKY // 16. JAHRHUNDERT, RESTAURIERUNG 2008. ALPINER BLOCKBAU> 86 QM // 4 GÄSTE // 2 SCHLAFZIMMER // 1 BADEZIMMER. ADRESSE> EGGA 703, BELLWALD, SCHWEIZ. WWW.FERIENIMBAUDENKMAL.CH/HUBERHAUS

Schlafzimmer. Innenansicht. Außenansicht im Winter. Panoramablick auf das Viertel.

Huberhaus

BELLWALD, SCHWEIZ

Das Huberhaus in Bellwald, im Oberwallis, ist ein typischer alpiner Blockbau. Es befindet sich im Weiler Eggen, etwas abseits des Dorfes, an schöner Aussichtslage. Das Erstellungsjahr des historischen Wohnhauses ist unbekannt. Die ältesten Gebäudeteile gehen laut Untersuchungen ins 16. Jahrhundert zurück. 1723 wurde das Haus umgebaut und restauriert. Der letzte Bewohner, der bis 1891 darin lebte, war Herr Klemenz Huber. Auf ihn geht der Name Huberhaus zurück. Von den späteren Besitzern wurde das Haus nur noch als Abstellort für verschiedene Gerätschaften und als Schreinerwerkstatt genutzt. Ab 1930 stand das Haus leer und verfiel zunehmend, bis es die Stiftung Ferien im Baudenkmal im Jahr 2006 übernehmen konnte. Nach einer zweijährigen Renovierungsphase, bei der man die Erhaltung der historischen Bausubstanz priorisierte, fand im März 2008 die Hauseinweihung statt. Im steinernen Sockel befindet sich der Keller und darüber liegt der Strickbau aus Holz. Der Eingang führt direkt in die Küche im hinteren, teilweise gemauerten Teil des Hauses. Im vorderen Teil gegen Süden befinden sich die Stube und darüber die Schlafkammer. Der nördliche Teil des Huberhauses aus dem 18. Jahrhundert wurde wegen seines schlechten Zustandes entfernt, und innerhalb der gleichen Struktur ein neuer Anbau aus Holz erstellt, das Dach wurde mit Schindeln gedeckt.
In diesem Anbau befindet sich heute im Erdgeschoss ein neues Badezimmer und darüber ein zweites Schlafzimmer. Die Sanierung des Huberhauses wurde äußerst zurückhaltend vorgenommen. Wo immer möglich wurde die vorhandene Bausubstanz bewahrt und ertüchtigt.

Ess- und Wohnbereich.
Blick in die Küche.

Außenansicht im Winter. Innenansicht. Grundrisse.

SEHEN & ERLEBEN. BELLWALD IST EINE RUHIGE FERIENDESTINATION, DIE FÜR SOMMER- UND WINTERFERIEN ATTRAKTIV IST. IM SOMMER ERREICHEN WANDERER RICHENEN UND STEIBECHRIZ MIT DER SESSELBAHN, VON WO SICH IHNEN EIN WANDERGEBIET MIT BERGSEEN UND PANORAMA AUF DIE WALLISER BERGWELT ERSCHLIESST. IM WINTER ZIEHT DAS BELLWALDER SKIGEBIET VOR ALLEM SKIFAHRER UND SNOWBOARDER AN. IN DER WEITEREN UMGEBUNG LOCKEN VERSCHIEDENE SEHENSWÜRDIGKEITEN, ZUM BEISPIEL DAS UNESCO-WELTNATURERBE ALETSCH, DAS BINNTAL ODER DAS GOMS MIT SEINEN TRADITIONELLEN DÖRFERN.

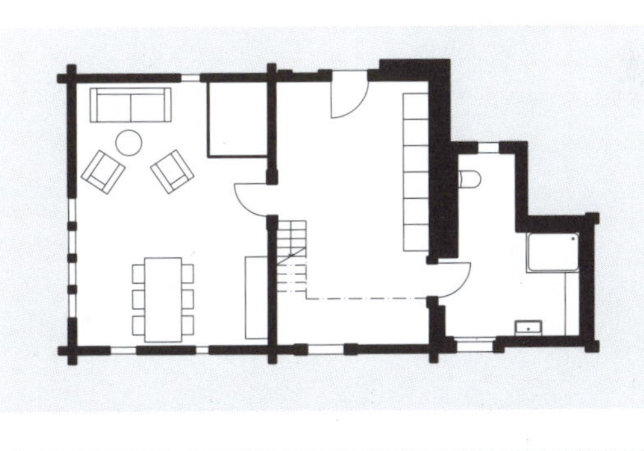

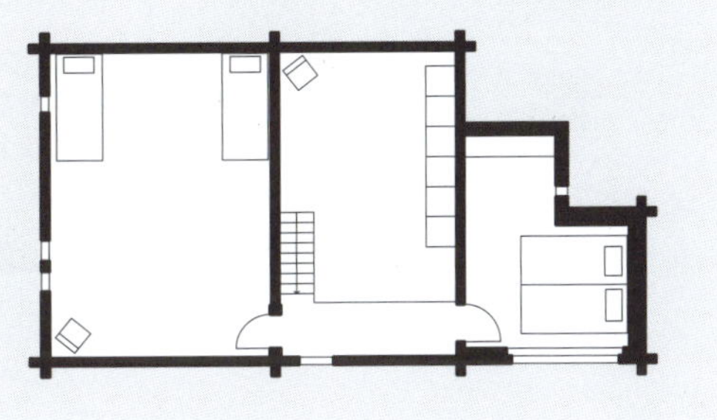

INFORMATIONEN. ARCHITEKTURBÜRO> ERIK NISSEN JOHANSEN // 2018. RESORT> CA. 5.750 QM // CA. 100 GÄSTE // 47 SCHLAFZIMMER // 47 BADEZIMMER. ADRESSE> VIA NOVA 80, FLIMS, SCHWEIZ. WWW.THEHIDEHOTELFLIMS.CH

The Hide

FLIMS, SCHWEIZ

Das The Hide strahlt eine behagliche und wohnliche Atmosphäre aus – mit einem ganz feinen Touch zum Urbanen. Aber ungemein gemütlich, denn ein typisches Stadthotel ist das The Hyde ganz und gar nicht. Die Architektur und die Innenausstattung sind vom alpinen Lifestyle und einer modernen alpinen Lebensart geprägt. Die gelungene Gestaltung des Hotels schafft auch dank der einfühlsamen Lichtplanung ein schönes, zeitgemäßes Ambiente und eine betont gemütliche Atmosphäre. Das für seine außergewöhnlichen und mutigen Kreationen bekannte Designerteam von Stylt Trampoli aus Göteborg zeigt sein kreatives Können: Im Inneren laden extravagante und harmonisch abgestimmte Farbkonzepte, moderne Tapeten und gekonnt in Szene gesetzte Designermöbel zum Verweilen und Entspannen ein.

Ungewöhnlich ist auch die Lage inmitten des neu eröffneten Stenna-Komplexes. Ohne das Gebäude verlassen zu müssen, stehen diverse Einkaufsmöglichkeiten, ein Ski- und Bike-Verleih, die Ski- und Snowboardschule, ein Kino mit vier Sälen, eine moderne Arztpraxis und nicht zuletzt die Kindercity zur Verfügung. Die Talstation der Bergbahnen befindet sich nur wenige Meter entfernt und die Pisten führen bis in den Innenhof des Hotels, sozusagen bis vor die Zimmertür. Im Winter heißt es darum: Ski in, Ski out!

Innenansicht. Privatzimmer. Barbereich.
Innenansicht des Gemeinschaftsraums mit Sofas.

Gemeinschaftsbereich. Detail Kamin. Blick auf das Restaurant. Grundrisse. Innenansicht Zimmer.

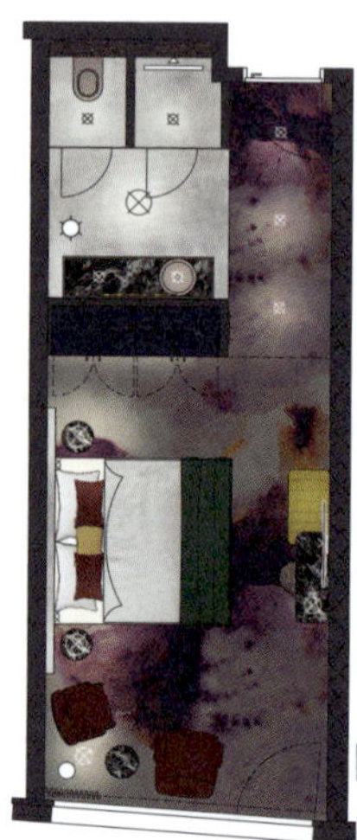

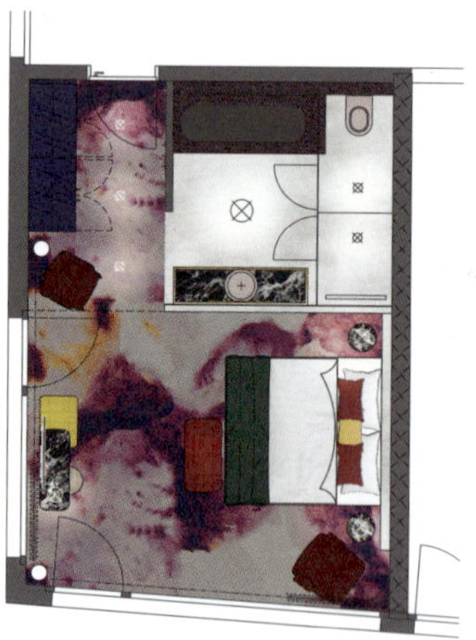

SEHEN & ERLEBEN. BEQUEMER GEHT'S NICHT, SKI IN, SKI OUT: DIREKT VOM HOTEL AUF DIE PISTEN (WWW.LAAX.COM). ZUM ENTSPANNEN STEHT DAS GROSSE, ELEGANTE SPA IM ZWEITEN STOCK ZUR VERFÜGUNG. AUF 1.000 QUADRATMETERN BIETET ES MODERNSTE FITNESSGERÄTE, EINE FINNISCHE PANORAMASAUNA MIT DIREKTEM BERGBLICK, EIN DAMPFBAD, SANARIUM, REGENDUSCHEN, RUHERAUM SOWIE EINEN PRIVATEN SPA-BEREICH FÜR ZWEI PERSONEN. DAS HIDEAWAY CINEMA BIETET UNTERHALTUNG IN SECHS VERSCHIEDENEN KINOSÄLEN.

INFORMATIONEN. ARCHITEKTURBÜRO> THOMAS FURTER // 2020.
TINY HOUSE> 25 QM // 2 GÄSTE //
1 SCHLAFZIMMER // 1 BADEZIMMER.
ADRESSE> LARESCH 12, MATHON,
SCHWEIZ.
WWW.LARESCH.CH

Tiny House Laresch

MATHON, SCHWEIZ

Das Tiny House wurde als Erweiterung zur bestehenden Berglodge konzipiert. Das Gebäude befindet sich in den Schweizer Alpen auf knapp 1.600 Meter über dem Meeresspiegel. Die Nachhaltigkeit war oberstes Kriterium beim Bau. Das Holz stammt aus dem Naturpark Beverin, die Schafwolle von den Weiden Mitteleuropas und der Lehm aus dem Jura. Geheizt wird das Gebäude über Erdwärme vom Haupthaus. Die Architektur des Gebäudes zeigt, dass es möglich ist, mit lokalen und natürlichen Baumaterialien ein Wohnhaus auf kleinstem Raum zu erstellen. Das Tiny House Laresch ist wegweisend, indem es aufzeigt, wie mit lokalem Holz naturnah umgegangen und gebaut werden kann.

Das Tiny House hat einen Wohnbereich mit Essplatz und kleiner Küche. Es ist bis unter das Dach geöffnet und zur Talseite komplett verglast. Geschlafen wird auf einer über dem Bad liegenden Galerie im Giebel. Vom Bett blickt man auf das beeindruckende Bergpanorama. Bei schönem Wetter erweitert sich das Raumangebot um die Terrasse – ein Logenplatz im Freien mit wunderbaren Aussichten.

Außenansicht im Winter. Blick Wohnbereich. Detail Essbereich mit Aussicht. Tiny House mit Schnee.

Schlafbereich mit Ausblick. Detail Bett. Badezimmer. Grundrisse.

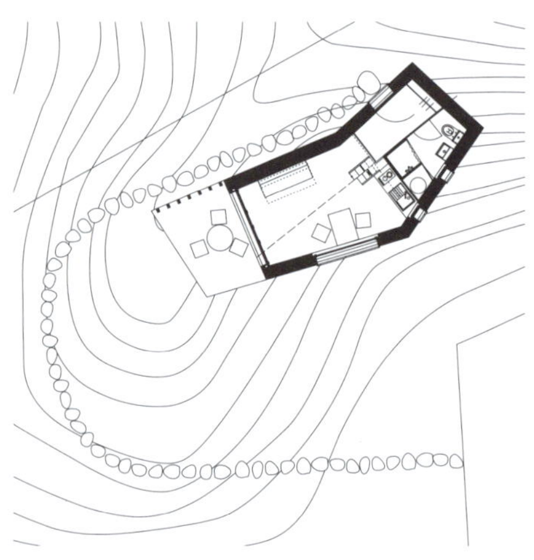

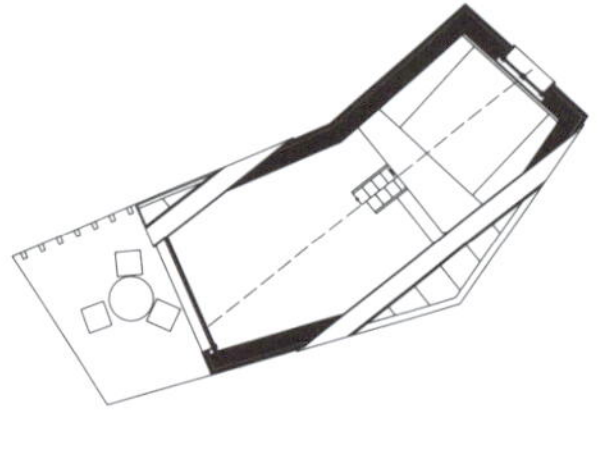

SEHEN & ERLEBEN. DIE BERGLODGE UND DAS TINY HOUSE BEFINDEN SICH AUF EINER SONNENTERRASSE MITTEN IM NATURPARK IN DEN SCHWEIZER ALPEN AUF KNAPP 1.600 M.Ü.M. HIER GIBT ES VIEL RUHE, INTAKTE NATUR UND IMMER WIEDER ÜBERWÄLTIGENDE AUSBLICKE IN DIE BERGWELT.
DIE REGION VIAMALA BIETET IM SOMMER VIELE MÖGLICHKEITEN ZUM WANDERN. NEBEN DER BEKANNTEN VIAMALA SCHLUCHT GIBT ES AUCH ZAHLREICHE ANDERE SEHENSWÜRDIGKEITEN. IM WINTER KANN MAN DIE GEGEND MIT DEN SCHNEESCHUHEN, SCHLITTEN ODER ZU FUSS AUF EINEM WINTERWANDERWEG ERKUNDEN. ZUR ERHOLUNG LOCKT DAS NAHE THERMALBAD.

Innenansicht Tiny House.
Ansicht von außen.

INFORMATIONEN. ARCHITEKTURBÜRO> OFIS ARCHITECTS UND AKT II, IN ZUSAMMENARBEIT MIT STUDENTEN DER HARVARD UNIVERSITY GRADUATE SCHOOL OF DESIGN, FREEAPPROVED UND PD LJUBLJANA MATICA // 2015. HÜTTE> 12 QM // 8 GÄSTE. ADRESSE> BERG SKUTA, ZGORNJE JEZERSKO, SLOWENIEN. WWW.PD-LJMATICA.SI/KOCE/BIVAK-POD-SKUTO/

Blick aus dem Panoramafenster. Alpine Shelter Skuta in den Bergen. Seitenansicht.

Außenansicht. Blick in den hölzernen Innenraum. Frontalansicht.

Alpine Shelter Skuta

BERG SKUTA, SLOWENIEN

Das Projekt wurde an der Harvard Graduate School of Design unter der Leitung von Rok Oman und Spela Videcnik von OFIS Architekten entwickelt. Im Herbst 2014, wurden 13 Studenten mit der Aufgabe konfrontiert, eine innovative und funktionale Unterkunft zu entwerfen, die den Bedingungen des extrem alpinen Klimas gerecht werden kann. Inspiriert von der traditionellen Architektur Sloweniens, mit seinem reichen und vielfältigen architetonischen Erbe, entwickelten die Studenten 12 unterschiedliche Varianten. Naturgewalten, extreme Temperaturschwankungen, unwegsames Gelände in großer Höhe, komplizierte Transportbedingungen und ein respektvoller Umgang mit der Natur beschreiben die Herausforderung des Projektes. Wegen seiner traditionellen alpinen Architektur, der Formsache und der gewählten Materialität überzeugte der Entwurf der Studenten Frederick Kim, Katie MacDonald und Erin Pellegrino. OFIS Architekten und Bauingenieure von AKT II entwickelten das Projekt weiter und wurden dabei von den Bergsteigern Anze Cokl, Milan Sorc und anderen Ingenieuren unterstützt. Die Äussere Form und die Materialität des Biwaks wurden so gewählt, dass sie den extremen alpinen Bedingungen trotzen und dennoch Blicke in die atemberaubende Landschaft ermöglichen.

Das Haus besteht aus drei Modulen, geteilt um den Transportbedingungen zu entsprechen und auch um den Innenraum zu unterteilen. Die Gestaltung des Innenraumes strahlt Bescheidenheit und Funktionalität aus und bietet bis zu acht Bergsteigern Platz.

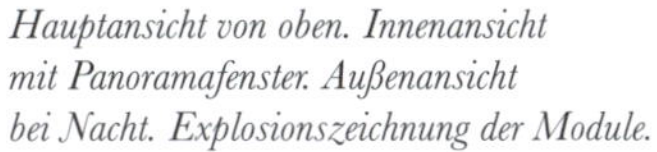

Hauptansicht von oben. Innenansicht mit Panoramafenster. Außenansicht bei Nacht. Explosionszeichnung der Module.

SEHEN & ERLEBEN. VERORTET AUF DEM GRÖSSTEN BERG SLOWENIENS UND DEM HÖCHSTEN PUNKT DER JULISCHEN ALPEN, BIETET DAS ALPINE SHELTER EINEN HERRLICHEN PANORAMABLICK AUF DAS TAL UND DEN BERG SKUTA, SYMBOL SLOWENIENS UND DAS HERZSTÜCK DES TRIGLAV NATIONALPARKS.

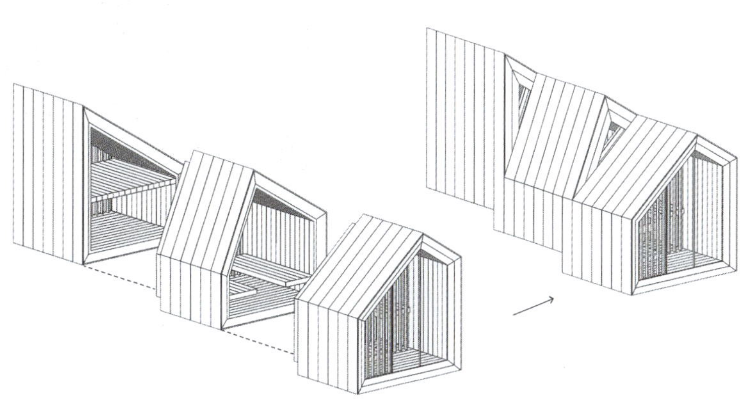

INFORMATIONEN. ARCHITEKTURBÜRO> TARA ARCHITEKTEN – HEIKE POHL UND ANDREAS ZANIER // 2019. HOTEL> 5.500 QM // 84 GÄSTE // 56 SCHLAFZIMMER // 56 BADEZIMMER. ADRESSE> FREIGASSE 8, JENESIEN, BOZEN, ITALIEN. WWW.HOTEL-SALTUS.COM

Außenansicht. Detail Sauna. Pool mit Panoramablick.

Schlafzimmer.
Innenansicht Cafébereich.

Eco Hotel Saltus

BOZEN, ITALIEN

Atem holen, Entspannung spüren, den Wald genießen und Erdung erleben – das war das formulierte Programm für das neue Hotel Saltus in Jenesien bei Bozen. Jede einzelne Materialwahl, jede gestalterische Entscheidung wurde dieser inhaltlichen Vorgabe untergeordnet. Drei Gebäudeteile setzen sich auf einem steil abfallenden Hang auf unterschiedlichen Höhen ins Gelände. Um diese klar geschnittenen Baukörper bilden sich durch einige wenige Einschnitte in dieselben im Wechselspiel mit dem markanten Geländeverlauf charakterstarke Außenräume auf den Terrassen, Außenliegeflächen und Balkone. Jedes Zimmer, jeder Raum richtet sich auf die Natur als Gegenüber aus. Während man in den Zimmern und im Wald-Spa auf Du und Du mit den hoch aufragenden, dicht gewachsenen Nadelbäumen ist, fällt der Blick aus der Lobby und vom Sky Pool auf das Bergmassiv der Dolomiten und verliert sich im Blau des weiten Himmels.
Die Fassadenflächen sind mit einer vertikalen Holzverkleidung aus vorvergrauter heimischer Lärche belegt, im Inneren sind es zementgespachtelte Oberflächen und Nussholz-Einbauten, die raumbildend wirken. Während die Zimmer wie ein Guckkasten auf den sich in der vollflächigen Glasfront zeigenden Waldausschnitt ausrichten, blenden die Gänge das Draußen fast vollständig aus. Und dann gibt es noch Vieles, das es hier nicht gibt: keine Fernseher im Zimmer, keine Bilder an den Wänden, keine Wasserspielattraktionen im Pool. So entsteht Raum für Gedanken, für verträumte Stunden auf dem Daybed am Fenster und für das Sich-verlieren im Blau des Himmels über der farbgleichen Wasserfläche.

Innenansicht. Zimmer mit großem Fenster. Gemeinsamer Wohnbereich mit Panoramafenster.

Eco Hotel Saltus von außen.
Innenansicht Flur.

SEHEN & ERLEBEN. DAS HOCHPLATEAU DES SALTENS MIT SEINEN AUSGEDEHNTEN WANDERMÖGLICHKEITEN LIEGT DIREKT VOR DER HAUSTÜR. AUSSICHTSPUNKTE, KRAFTPLÄTZE UND ALMGASTHÖFE WOLLEN ENTDECKT WERDEN: HAFLINGER PFERDE, KASTANIENBÄUME UND LÄRCHENWÄLDER SIND DIE WEGBEGLEITER IN DIESER SONNENVERWÖHNTEN REGION. DABEI LIEGT DIE STADT BOZEN NUR ACHT SEILBAHNMINUTEN ENTFERNT. DORT KANN DAS BEDÜRFNIS NACH STADTROMANTIK, EINKAUFSMÖGLICHKEITEN UND KULTUR BEFRIEDIGT WERDEN. SEIEN ES DIE GASSEN DER ALTSTADT, DAS ÖTZI-MUSEUM ODER DER BOZNER CHRISTKINDLMARKT, HIER FINDET WOHL JEDER SEINE GANZ PERSÖNLICHE ATTRAKTION.

INFORMATIONEN. ARCHITEKTURBÜRO> GRÜNECKER & REICHELT ARCHITEKTEN // 2018. TURMHAUS> CA. 400 QM // 8 GÄSTE // 5 SCHLAFZIMMER // 3 BADEZIMMER. ADRESSE> GERLOSBERG 17 G, ZELL AM ZILLER, ÖSTERREICH. WWW.HOLZRAUSCH.DE

Turmhaus Tirol

ZELL AM ZILLER, ÖSTERREICH

Das Turmhaus Tirol befindet sich in der Nähe von Zell am Ziller auf einer Höhe von 1.261 Meter am Eingang des österreichischen Gerlostals in der Gemeinde Gerlosberg. Es ist ein gemeinsames Projekt von Grünecker & Reichelt und holzrausch. In enger Zusammenarbeit wurden in einem Zeitraum von mehreren Jahren das architektonische und innenarchitektonische Konzept entwickelt und anschließend durch holzrausch und weitere ausgewählte Partner realisiert. Beide Kooperationspartner teilen die Faszination für die emotionale Wirkung von Material und Detail, eine minimalistische und zeitlose Formensprache und die Umsetzung von Projekten auf handwerklich höchstem Niveau. Diese Gemeinsamkeit ist im Turmhaus Tirol deutlich lesbar und zeigt sich in der kontrastreichen und trotzdem ausgewogenen Verbindung von Innen- und Außenraum. Das Gebäude orientiert sich an der regionalen Bauart und nimmt charakteristische Merkmale der umliegenden Höfe wie Anordnung der Fenster nach räumlicher Funktion, Satteldach und sonnenverbrannte Fassade auf und interpretiert diese neu. Das stark abfallende Gelände und der Wunsch, das Haus der Bauart eines Turmhauses nachzuempfinden, führten zu einer Grundfläche von 8 x 8 Meter. Das Turmhaus erstreckt sich über sechs Gebäudeebenen. Die drei eingegrabenen Untergeschosse bilden das Fundament. Darüber befinden sich drei weitere Geschosse mit Wohn-, Ess- und Schlafbereichen in Holzbauweise.

Ansicht Küche mit Balkon. Innenansicht. Badezimmer. Essecke mit Panoramafenster.

Schlafzimmer. Detail.
Längsschnitt.

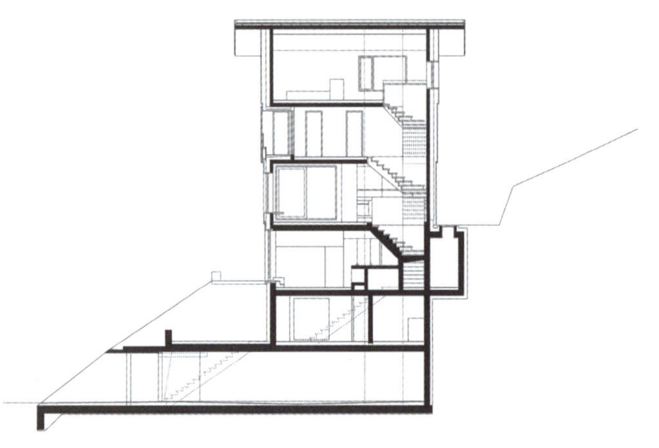

SEHEN & ERLEBEN. DER ZUM GRÖSSTEN TEIL EINHEIMISCH BESIEDELTE GERLOSBERG BIETET ABSEITS DES QUIRLIGEN ZILLERTALS IM SOMMER UND WINTER DEN IDEALEN STANDORT, UM IN DIE BEEINDRUCKENDE WELT DER ZILLERTALER UND TUXER ALPEN EINZUTAUCHEN. INMITTEN DER WUNDERSCHÖNEN BERGKULISSE IST DAS HAUS DER IDEALE AUSGANGSPUNKT FÜR DIE ZAHLREICHEN FREIZEITAKTIVITÄTEN (MOUNTAINBIKEN, WANDERN, KLETTERN, RAFTING, SKIFAHREN) IM UND RUND UM DAS ZILLERTAL.

Turmhaus Tirol mit Bergen.
Wohnbereich mit Kamin.

INFORMATIONEN. ARCHITEKTURBÜRO> BRÜDERL ARCHITEKTUR GMBH // 2019. WOHNUNG> 62 QM // 2 + 2 GÄSTE // 1 SCHLAFZIMMER // 1 BADEZIMMER. ADRESSE> PIRACH 11, TROSTBERG, DEUTSCHLAND. WWW.WASSERTURM-PIRACH.DE

Wohnzimmer mit Panoramablick. Innenansicht Küchen- und Essbereich. Schlafzimmer. Außenansicht Wasserturm Pirach.

Wasserturm Pirach

TROSTBERG,
DEUTSCHLAND

Eine ungewöhnliche Auszeit mit Erlebnischarakter verspricht der Aufenthalt im Ferienappartement „Schorsch“ im Wasserturm Pirach nahe Trostberg. Schon die exponierte Lage des knapp 30 Meter hohen Denkmals, das die Region zwischen Chiemsee und Waginger See im oberbayerischen Voralpenland prägt, erzählt eine aufregende Geschichte. Rund 60 Jahre nach der ersten Inbetriebnahme wurde der Wasserturm nach dem Erwerb durch die Familie Brüderl umfassend generalsaniert. Das markante Architekturjuwel lässt die Spuren der früheren Nutzung erkennen, kombiniert dies aber mit raffinierten Gestaltungsideen, maßgeschneidertem Möbeldesign aus der hauseigenen Manufaktur der Firma Brüderl und exklusivem Wohnkomfort.

Die 69 Quadratmeter großen Wohn- und Essbereiche des Ferienappartements mit Küche, Schlaf- und Badezimmer sind gekonnt in die Rundungen des zweiten Obergeschosses des Turms integriert. Das Panoramafenster eröffnet eine einmalige Aussicht auf die Gipfel der Chiemgauer Alpen. Die geschickte Integration technischer Relikte in das moderne Wohndesign schafft einen Kraftort mit Atmosphäre, dessen Urlaubserinnerungen lange nachwirken.

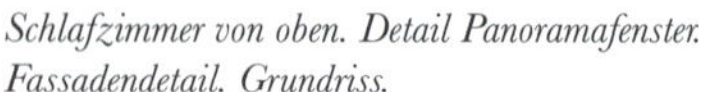

Schlafzimmer von oben. Detail Panoramafenster. Fassadendetail. Grundriss.

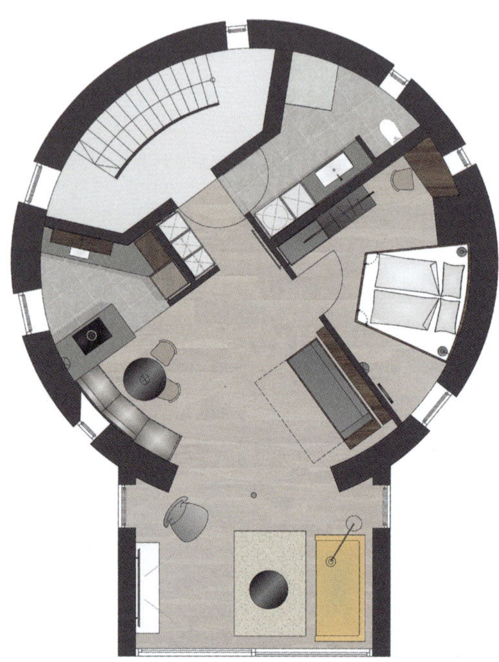

SEHEN & ERLEBEN. IN UNMITTELBARER NÄHE FINDET MAN DIE CHIEMGAUER BERGE MIT ZAHLREICHEN WANDERMÖGLICHKEITEN, GOLFPLÄTZE, FREIZEITPARKS UND SEEN. MÖGLICHE AKTIVITÄTEN: CHIEMSEE, TAGESAUSFLÜGE NACH SALZBURG (50 KM) UND MÜNCHEN (100 KM), BAD REICHENHALL, BERCHTESGADEN UND DEN KÖNIGSSEE, ERLEBNISFREIBÄDER UND ZAHLREICHE BADESEEN. AUCH IM WINTER GIBT ES IN DER REGION VIELE ANGEBOTE WIE WINTERWANDERUNGEN, LOIPEN IM KLASSISCHEN UND SKATING-STIL, SKIGEBIET AM HOCHFELLN, SKIGEBIET WINKELMOOSALM, EISLAUFBAHNEN INZELL UND RUHPOLDING.

Wohnzimmer.
Innenansicht.

INFORMATIONEN. ARCHITEKTURBÜRO> CHESEAUXREY ASSOCIÉS SA // 2016. BERGHÜTTEN> MAYEN OLIVIER 50 QM, MAYEN ETIENNE 58 QM, MAYEN JEAN 67 QM, MAYEN MADELEINE 98 QM, MAYEN JOSEPH 118 QM, MAYEN HENRI 19 QM // 2–12 GÄSTE // 1–3 SCHLAFZIMMER // 1–2 BADEZIMMER. ADRESSE> CHEMIN DES CEINTRES 12, LA FORCLAZ, SCHWEIZ. WWW.ANAKOLODGE.CH

Anakolodge

LA FORCLAZ, SCHWEIZ

Im Val d'Hérens wurden die Ruinen von sechs landwirtschaftlichen Gebäuden vor dem Abriss gerettet und unter Berücksichtigung der traditionellen Walliser Architektur wieder aufgebaut. Ursprünglich dienten diese Gebäude der Lagerung von Vorräten, unter den Böden befanden sich die Stallungen für die Eringer Kühe. Die Konstruktion bestand aus Lärchenholzplanken, die je nach Typ auf Holzpfosten und Mäusesteinen aus Granit standen oder auf der Stallung aus Trockenmauern auflagen. In den sogenannten Raccards lagerten die Familien Getreide, Heu und Vorräte. In den Scheunen wurde das Heu gelagert, mit dem das Vieh im Winter gefüttert wurde. Die im Dorfzentrum stehenden Speicher dienten der Vorratshaltung für die ganze Familie.

Dem Architekten Olivier Cheseaux ist eine Sanierung der landwirtschaftlichen Gebäude gelungen, die einerseits eine neue Nutzung ermöglicht und andererseits die raue und zugleich feine Anmutung dieser in die wilde Natur passenden Häuser bewahrt. Die so entstandenen Maiensässe sind komplett ausgestattet und je nach Saison auf 20 bis 21 Grad geheizt. Die konsequent gestalteten Innenräume aus meist einfachen Materialien schaffen auch auf kleinstem Raum eine besondere Atmosphäre. Die Küche ist vollständig eingerichtet. Die Anakolodge arbeitet mit dem Dorfladen und den Restaurants des Tals zusammen und wird so ihrem Konzept, das auf Respekt, Vertrauen sowie der Liebe zur Natur und Schönheit basiert, gerecht.

Nachtansicht im Winter. Detail Eingang.
Terrasse mit Blick auf die Berge. Gesamtansicht.

Schlafzimmer mit großem Fenster. Blick auf den Balkon. Schnitte der Hütten.

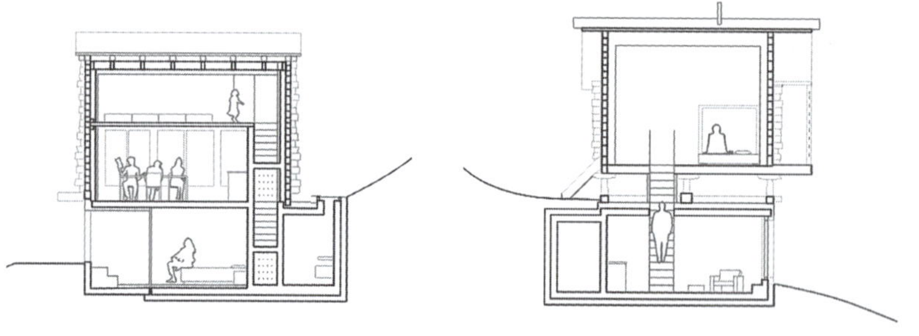

SEHEN & ERLEBEN. DAS ANGEBOT AN OUTDOOR-AKTIVITÄTEN IN DER FREIEN NATUR REICHT VOM WANDERN ÜBERS FLIEGEN, SKIFAHREN, PFLÜCKEN VON PFLANZEN, DEGUSTIEREN, MEDITIEREN UND STAUNEN. ABER ES KÖNNEN AUCH INDIVIDUELLE UND MASSGESCHNEIDERTE ANGEBOTE ORGANISIERT WERDEN.

Außenansicht vom Garten.
Innenansicht Wohnbereich.

INFORMATIONEN. ARCHITEKTURBÜRO> BERGMEISTERWOLF // 2017. HOTEL> 3.220 QM // 36 GÄSTE // 18 SCHLAFZIMMER MIT BAD. ADRESSE> VIA BRANDIS 2A, LANA, ITALIEN. WWW.BALLGUTHOF.COM/IT

Innenansicht Zimmer. Fassadendetail. Außenansicht mit Weinbergen.

Hotel Ballguthof

LANA, ITALIEN

Das Boutique-Hotel Ballguthof ist umgeben von eigenen Weinreben, einem großen Park und befindet sich in unmittelbarer Nähe zum Golfplatz von Lana. Das Architektenpaar bergmeisterwolf verwirklichte im Jahr 2017 in Zusammenarbeit mit dem Künstler Manfred Alois Mayr dieses einzigartige Projekt. Im Ballguthof trifft urige Südtiroler Tradition auf modernes, innovatives Design. Der Ballguthof besteht aus zwei miteinander verbundenen Gebäuden, dem Boutique-Hotel und dem Stammhaus. Auf beeindruckende Weise verschmelzen die unterschiedlich geneigten Dachflächen einerseits mit der umgebenen Dachlandschaft und andererseits, verstärkt durch die dunkle Farbgebung, mit dem Bergpanorama. Die neue Architektur begleitet die Landschaft: Die Dachspitzen spielen mit den dahinter liegenden Bergen, während die Farbe des schwarzen Betons sich in den Glasscheiben mit jener der Berge vereint und im Sommer diese kontrastiert. Im Innenraum setzen die Stuben einen dialektischen Umgang mit der Vergangenheit fest, indem sie jetzt auch neue Funktionen erfüllen wie jene des Badezimmers, der Küche oder einfach Stube bleiben. Die Verbindung zwischen Landschaft und gebautem Raum intensiviert sich dank der begrünten Dächer und deren Bepflanzung. Loggien und Terrassen verstärken das Spiel mit den Kontrasten und schaffen gleichzeitig intime und private Bereiche. Die gebogenen Linien der Dächer sind in den Balkongeländern wiederzufinden, deren Schnitt sich ständig ändert. Die dynamisch gestaltete Fassade schafft es so, in Abhängigkeit des Blickwinkels, immer wieder neue Geschichten zu erzählen und neue Charaktere zu schaffen.

SEHEN & ERLEBEN. LANA, MERAN UND SEINE UMGEBUNG BIETEN WUNDERBARE MÖGLICHKEITEN DER AKTIVEN UND ERHOLSAMEN ENTSPANNUNG. SPORTARTEN WIE GOLF, REITEN, NORDIC WALKING, MOUNTAINBIKE ODER TENNIS KÖNNEN IN DER BEZAUBERNDEN NATUR GENAUSO BETRIEBEN WERDEN WIE KULTURELLE AUSFLÜGE IN DIE ZUR PROVINZ SÜDTIROL GEHÖRENDE UND NUR CA. 12 KM ENTFERNTE STADT MERAN, DIE FÜR IHRE HEILBÄDER UND GEBÄUDE IM JUGENDSTIL BEKANNT IST.

Dachlandschaft. Grundrisse.
Außendetail. Innenansicht.

Blick in den Barbereich.
Fassade mit Brüstungsdetails.

INFORMATIONEN. ARCHITEKTURBÜRO> MARX / LADURNER // 2013. HOTEL> CA. 6.500 QM // 90 GÄSTE // 46 SCHLAFZIMMER // 46 BADEZIMMER. ADRESSE> BURGEIS 82, MALS, ITALIEN. WWW.WEISSESKREUZ.IT

Hotel Weisses Kreuz

MALS, ITALIEN

Manchmal möchte man glauben, in Burgeis ist die Zeit stehen geblieben. Ruhig ist es hier. Hektik und Gedöns sucht man in den Gassen des Südtiroler Ortes vergeblich. Trotzdem sind die Burgeiser nicht von gestern. Man schätzt das Gewesene und mag Innovationen. Das gilt besonders für Familie Theiner. Mit dem Dorfladen fing es an. Im Laufe der Jahrzehnte entwickelte sich das Weisse Kreuz zu dem, was es heute ist. Mit Weitsicht, Mut und Unternehmergeist. Das Weisse Kreuz besteht aus drei eigenständigen Gebäuden, verbunden durch den kleinen Dorfplatz. Das weißgetünchte Stammhaus gab dem heutigen Hotel seinen Namen. Nur wenige Schritte entfernt tut sich ein weiteres Tor zur Vergangenheit auf. Der Ansitz zum Löwen ist ein Ort, an dem das architektonisch geneigte Herz einen Takt lang aussetzt. Hier schmiegt sich moderner Sichtbeton an 800 Jahre alte Mauern. Akkurat gesetzte Glasflächen gehen mit feinen Schnitzereien aus der Renaissance eine feine Symbiose ein. Gemeinsam mit dem Südtiroler Architektenduo Marx/Ladurner hat Familie Theiner den Ansitz sanft aus dem Dornröschenschlaf geweckt. Und als Gast kommt man aus dem Staunen kaum noch heraus. Wo sonst ließe sich im ehemaligen fürstlichen Ballhaus ruhen oder in einer ehemaligen Rauchküche ein Bad nehmen? Und da aller guten Dinge immer drei sind, begeistert auch der moderne Neubau. Klare Linien, zurückhaltendes Design und eine offene Bauweise laden dazu ein, den Blick schweifen zu lassen.

Eines der Zimmer. Detail Sauna. Innenansicht Weisses Kreuz. Vorderansicht des Gebäudes.

Außenansicht Fassade. Detail Schlafzimmer mit großem Fenster. Blick in das Badezimmer. Grundriss.

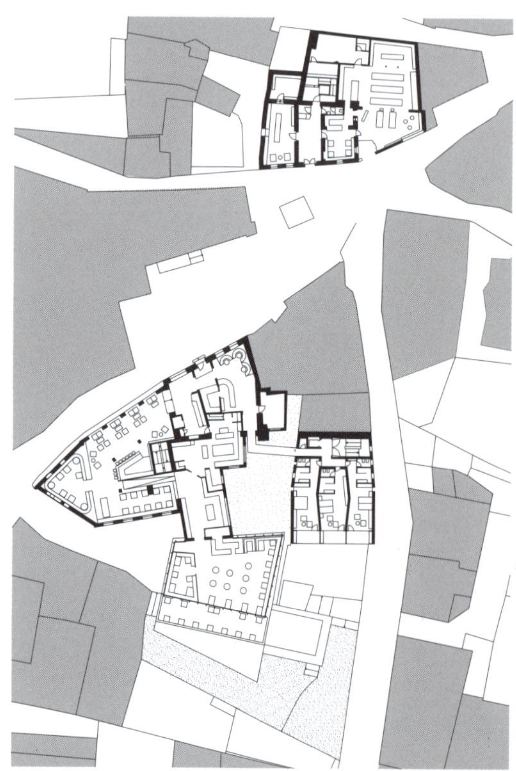

SEHEN & ERLEBEN. JAHRHUNDERTEALTE WAALWEGE, ZAHLREICHE WANDERWEGE UND EIN DICHTES NETZ AN MOUNTAINBIKE-TRAILS SCHLÄNGELN SICH DURCH DIE REICH GESEGNETE KULTURLANDSCHAFT. SKIFAHRER FINDEN IN IHREM URLAUB IM VINSCHGAU IN SÜDTIROL FÜNF SONNENVERWÖHNTE SKIGEBIETE, WANDERER ENTDECKEN DEN VINSCHGER HÖHENWEG UND DIE 3000ER LOCKEN IN LUFTIGEN HÖHEN. DIE RÖMERSTRASSE VIA CLAUDIA AUGUSTA GENIESST HEUTE BEI FAHRRADFAHRERN NEUE AUFMERKSAMKEIT: VON MALS BIS MERAN ZIEHT SICH EIN 80 KM LANGER, EINFACH ZU BEWÄLTIGENDER RADWEG, DER AN HISTORISCHEN KIRCHEN, BURGEN, RUINEN SOWIE ANTIKEN STÄTTEN IM VINSCHGAU VORBEIFÜHRT.

Schlafzimmer im Weissen Kreuz.
Gemeinsamer Entspannungsbereich.

INFORMATIONEN. ARCHITEKTURBÜRO> NOA* NETWORK OF ARCHITECTURE // 2020. HOTEL> 38 QM PRO SUITE // 20 GÄSTE // 10 SUITEN // 10 BADEZIMMER. ADRESSE> HENRIK-IBSENSTRASSE 17, SEIS, ITALIEN. FLORIS.HOTELFLORIAN.IT

Zimmer mit Panoramafenster. Blick in das Badezimmer. Außenansicht Garten. Blick auf die Hauptfassade.

Floris Green Suites

SEIS, ITALIEN

Sonnenlicht erfüllt den Raum. Natürlichkeit prägt das moderne Design. Umgeben von der fesselnden Gebirgslandschaft, verschmelzen hier im Floris Green Suites Luxus und Privatsphäre zu einem vollkommenen Wohlgefühl. Gelegen am idyllischen Ortsrand von Seis am Schlern in Südtirol, strahlen die zehn exklusiven Suiten mit ihrer modernen Architektur die Leichtigkeit des Seins aus. Der eigenständige Baukörper fügt sich harmonisch in den herrlichen Park mit seinen lauschigen Ruheinseln, dem Outdoor-Pool und den mächtigen Bäumen ein.

Die Herausforderung, die Chalets vom eigentlichen Terrain abzuheben und somit den charmanten Hotelpark in seinem vollen Umfang zu belassen, ist vollends gelungen. Die in sich geschlossenen „Baumhäuser" thronen auf drei Meter hohen Stützen und ermöglichen einen wundervollen Ausblick auf den Park. Um dem Architekturensemble ein dynamisches Erscheinungsbild zu verleihen, wurden die jeweils übereinanderliegenden Häuschen leicht versetzt, sodass sich der Eindruck einer natürlich gewachsenen Struktur ergibt.

Im Interieur dominiert ein mit Grautönen durchsetztes, gedämpftes Grün, das das beruhigende Baumhaus-Feeling vollendet. Weite Horizonte, Offenheit, persönliche Freiheit und purer Wellnessgenuss dank privatem Balkon mit Badewanne, eigener Sauna und ausgewählter Naturmaterialien – das Floris Green Suites ist ein naturverbundenes Hideaway, das beweist: Wo Baukunst die Vielfalt der Natur übernimmt, wird sie niemals als Fremdkörper empfunden.

*Fassadendetail. Ansicht Ensemble.
Schwimmbad von oben. Fassadendetail.*

SEHEN & ERLEBEN. SKIPARADIES IM WINTER, KRAFTORT FÜR WANDERER IM SOMMER – DIE NATUR RUND UM DIE SEISER ALM IST EINZIGARTIG. WEITE ALMWIESEN UND TIEFE WÄLDER BREITEN SICH VOR DEM MÄCHTIGEN SCHLERN AUS, DER VON DER JAHRMILLIONENALTEN GESCHICHTE DER DOLOMITEN ZEUGT. KULTURBEGEISTERTE ENTDECKEN DIE MALERISCHEN ALTSTÄDTE VON BOZEN ODER BRIXEN, GOURMETS KOMMEN IN DEN EINZIGARTIGEN GENUSS DER ALPIN-MEDITERRANEN GESCHMACKSSYMBIOSE.

INFORMATIONEN. ARCHITEKTURBÜRO> IKE IKRATH // 1924, STETIG WEITERENTWICKELT. HOTEL> 70 GÄSTE + KINDER // 29 ZIMMER + BAR, LOUNGE, RESTAURANT, KIDS CLUB, SPA. ADRESSE> KAISERHOFSTRASSE 14, BAD GASTEIN, ÖSTERREICH. WWW.HAUS-HIRT.COM

Wohnbereich mit Bergblick. Wohnzimmer. Innenansicht Restaurant.

Alpine Spa Hotel Haus Hirt

BAD GASTEIN, ÖSTERREICH

Authentisch alpin, aber mit dem Blick eines Designers, empfängt das Haus Hirt Gäste und Liebhaber von modernem und eklektischem Design. Das Hotel bietet neun Suiten und zwanzig Zimmer mit einzigartiger Atmosphäre und individueller Gestaltung, voller Inspiration für Körper und Geist. Das von Ike Ikrath und Elma Choung entworfene und von der Wiener Designerin Megumi Ito beleuchtete Hotel inspiriert durch seine Liebe zum Detail. Das liebevoll mit natürlichen Materialien gestaltete Haus ist seit jeher ein Rückzugsort zum Abschalten und Auftanken für Freunde und Familien, für Schriftsteller und Künstler, für Alt und Jung. In den 1920er-Jahren als Basislager für urbane Abenteurer erbaut, wird das Haus Hirt seit jeher mit größter Sorgfalt erneuert und modernisiert. Auch heute noch lockt es Freigeister und Bergliebhaber mit einer atemberaubenden Aussicht, gemischt mit dem Glamour der Belle Epoque und einem kreativen Twist, bei dem Moderne auf Retro trifft.

Das Haus Hirt ist einladend und energiegeladen und bietet sogar ein hauseigenes Thermalbad mit heilenden heißen Quellen. Die Ikraths fühlen sich den heimischen Bergen und der atemberaubenden Landschaft um sie herum zutiefst verbunden und haben durch ihre Liebe zur Natur, zur Kunst, zur Literatur und zum Design eine wunderschöne Ästhetik geschaffen, die die Schönheit der Region auf einzigartige Art und Weise vermittelt. Das familienfreundliche und fröhliche Haus Hirt bietet täglich geführte Wanderungen, Yoga und vieles mehr und ist perfekt für Gäste, die dem Trubel des Stadtlebens entfliehen möchten.

SEHEN & ERLEBEN. BAD GASTEIN, EIN MALERISCHES REFUGIUM IN DEN ÖSTERREICHISCHEN ALPEN, VERKÖRPERT DEN FREIEN, KUNST- UND DESIGNORIENTIERTEN GEIST DER REGION. UMGEBEN VON SKI-PISTEN, WANDERWEGEN, SCHWIMM- UND THERMALBÄDERN IST BAD GASTEIN DER TRAUM EINES JEDEN OUTDOOR-FAN. DIE REGION, IN DER WELLNESS GANZ WEIT VORN STEHT, IST BEKANNT FÜR IHRE UNGLAUBLICHE HEILKRAFT, IHRE EINZIGARTIGE ATMOSPHÄRE UND IHRE INSPIRIERENDE UMGEBUNG.

Ensemble mit Bergen.
Innenansicht.
Detail Schlafzimmer.

Zimmer mit
Panoramablick. Schlafzimmer.
Restaurant zur Abendstunde.

INFORMATIONEN. ARCHITEKTUR-BÜRO> DURISCH + NOLLI ARCHITETTI // 2019. HOTEL> 2.100 QM // 76 GÄSTE // 16 SCHLAFZIMMER // 22 BADEZIMMER. ADRESSE> CAMPRA, TESSIN, SCHWEIZ. WWW.CAMPRALODGE.CH

Blick auf den Spa-Bereich mit Holzoberflächen. Innenansicht. Frontansicht.

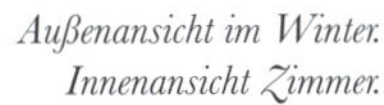

Außenansicht im Winter.
Innenansicht Zimmer.

Campra Alpine Lodge & Spa

TESSIN, SCHWEIZ

Eingebettet in eine herrliche Landschaft mit charakteristischen nordischen Merkmalen, ist das Nordic Campra Ski Center eine für den Skilanglauf top ausgestattete Anlage in den Schweizer Alpen. Das natürliche Gefälle des Geländes wird durch einen Betonsockel des Gebäudes aufgelöst, der alle Dienstleistungen und Infrastrukturen enthält, die den verschiedenen Sportlern zur Verfügung stehen.

Der Sockel erhebt sich aus dem Boden und bildet die große Terrasse des Restaurants mit einer abfallenden Treppe, die einen direkten Zugang zum Parkplatz bietet und den strukturierten Haupteingang unterteilt. Auf diesem Betonsockel befindet sich die hölzerne Struktur, in der die Rezeption im Erdgeschoss, die Bar, die Küchen und zwei Restaurants und Speiseräume untergebracht sind, die dank eines Systems von modularen und beweglichen Wänden zu einem großen Raum für besondere Veranstaltungen umgestaltet werden können. Alle Räume des ersten Stocks sind nach einem regelmäßigen und präzisen Modul angeordnet, das die Verwaltung der verschiedenen Arten von Versorgungseinrichtungen optimiert. Der Kopf des Gebäudes wird durch ein zusätzliches Stockwerk, in dem das Spa untergebracht ist, in seinem Ausdruck zur Lucomagno-Straße hin verstärkt. Die Verwendung von Holz als Baumaterial garantiert hervorragende Umwelt- und Energieeigenschaften und verbessert die allgemeine Nachhaltigkeit der neuen Siedlung.

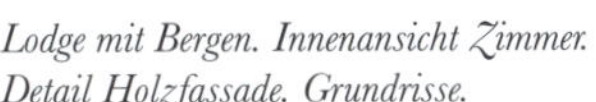

Lodge mit Bergen. Innenansicht Zimmer. Detail Holzfassade. Grundrisse.

SEHEN & ERLEBEN. DIE CAMPRA ALPINE LODGE & SPA IST DIE IDEALE UNTERKUNFT FÜR ALLE, DIE SICH FÜR NATUR UND OUTDOOR-AKTIVITÄTEN BEGEISTERN. IM WINTER KÖNNEN DIE GÄSTE DIE 30 KM LANGLAUFLOIPEN, DIE EISLAUFBAHN UND DIE VIELEN WINTERWANDERWEGE IM WALD GENIESSEN. IM SOMMER BIETEN SICH VIELE AUSFLUGSMÖGLICHKEITEN MIT DEM MTB ODER ZU FUSS AN. UND FÜR DIEJENIGEN, DIE SICH ENTSPANNEN MÖCHTEN, IST DAS SPA DES HOTELS GANZJÄHRIG GEÖFFNET.

INFORMATIONEN. ARCHITEKTUR-BÜRO> RURALURBAN // 2018. BAUERNHOF> 275 QM // 10 GÄSTE // 5 SCHLAFZIMMER // 3 BADEZIMMER. ADRESSE> OBERSTEINERWEG 5, KLOBENSTEIN, RITTEN, ITALIEN. WWW.OBERSTEINERHOF.IT

Blick auf die Kücheninsel. Innenansicht. Küche und Essbereich. Wohnzimmer mit großen Fenstern.

Obersteinerhof

RITTEN, ITALIEN

Die 600 Jahre alten Gemäuer des Obersteinerhofs auf dem Ritten erzählen seit 2017 neue Geschichten, denn mit der behutsamen Erweiterung und Restaurierung wurde großes Augenmerk auf ein ausgewogenes Verhältnis zwischen Tradition und Innovation gelegt – frisches alpines Design ist in die historischen Wände gezogen. Die Räume wurden komplett neu gestaltet und den Ferienwohnungen mit sensiblen Eingriffen eine jeweils eigene konzeptionelle und ästhetische Identität verliehen. Große Fenstertüren und die besondere Auswahl der Einrichtungselemente schaffen hochwertige und behagliche Wohnerlebnisse, die nicht nur funktional, sondern auch lichtdurchflutet sind und im Dialog mit der stimmungsvollen Natur stehen. Das Appartement „Wald" erstreckt sich über zwei Etagen. Im Untergeschoss befindet sich ein großer Open Space mit einer lichtdurchfluteten Wohnküche, in der die natürliche Farbe des Holzes tonangebend ist und von gezielt bläulichen Kontrasten einiger Einrichtungselemente unterbrochen wird. Hauptdarsteller des Raums ist ein großer Tisch mit integrierter Kücheninsel. Im Obergeschoss befinden sich die Schlafzimmer, die warm und gemütlich anmuten. Die Ferienwohnung „Acker" zeigt einen frischen und zeitgenössischen Charakter. Im oberen Stock vereinen sich Schlafzimmer und Wohnbereich in einem besonders gemütlichen Ambiente. Über eine minimalistisch gehaltene Holztreppe gelangt man in das untere Stockwerk, wo sich eine große Wohnküche und das Badezimmer befinden. Letzteres beeindruckt mit Fliesen aus rotem Porphyr aus Montiggl und einer Badewanne mit spektakulärem Blick auf die beeindruckende Bergwelt.

Innenansicht Essbereich. Badezimmer mit Blick auf das Wohnzimmer.

Innenansicht Küche.
Detail. Schlafzimmer.

SEHEN & ERLEBEN. DIE RITTNER SEILBAHN BRINGT DIE GÄSTE IN WENIGEN MINUTEN EMPOR UND DORT ERSTRECKT SICH DANN EIN GANZ WUNDERBAR ERHOLSAMES URLAUBSGEBIET. UM GENAU ZU SEIN, ZIEHT SICH DER RITTEN VON DEN WEINBERGHÄNGEN BEI BOZEN AUF RUND 300 M MEERESHÖHE BIS GANZ HINAUF ZUM 2.260 ÜBER MEER GELEGENEN RITTNER HORN! EINE AUSSERGEWÖHNLICH VIELSEITIGE VEGETATION, 15 CHARISMATISCHE ORTSCHAFTEN UND SO VIELE HIGHLIGHTS GILT ES ZU ENTDECKEN: DIE ERDPYRAMIDEN, DIE KOMMENDE LENGMOOS, DAS BIENENMUSEUM IN WOLFSGRUBEN, DER WOLFSGRUBNER SEE UND DAS „RITTNER BAHNL" SIND NUR EINIGE VON IHNEN.

INFORMATIONEN. ARCHITEKTURBÜRO> EN.AR[TEC] // 2015. WOHNHAUS> 700 QM // 16 GÄSTE // 8 SCHLAFZIMMER // 8 BADEZIMMER. ADRESSE> HERZOG-DIET-STRASSE 1, BRUNECK, ITALIEN. WWW.NMHOF.IT

Niedermairhof

BRUNECK, ITALIEN

Der Niedermairhof, dessen Grundmauern bis ins 14. Jahrhundert zurückreichen, liegt in Dietenheim, am Rande der Stadt Bruneck. Der Hof zeigte sich zuletzt in einem baulich schlechten Zustand. Die Familie Mayr hat sich dazu entschlossen, dem Gemäuer neues Leben einzuhauchen und das Wohnhaus von Grund auf zu sanieren. Das Haus wurde in den oberen drei Geschossen fast vollständig entkernt, wobei der historische Kehlbalken-Dachstuhl erhalten werden konnte. Die Decken wurden als Holz-Beton-Verbundkonstruktion ausgeführt, die Fassade und die Fenster wurden denkmalgerecht saniert. An der Stelle der ehemaligen Außentoilette wurde ein zeitgenössischer Zubau errichtet, welcher sich prägnant vom Wohnhaus abhebt und sich gleichzeitig in das Hofensemble einfügt. Als Fassade wurde geschwärztes Stahlblech verwendet, das sich mit seinen lebendigen Farbschattierungen an das historische Umfeld anpasst und so der kristallinen Gestalt des Zubaus die Härte nimmt. Mit viel Liebe zum Detail wurden die acht Suiten individuell eingerichtet und barrierefrei erschlossen. Eine der Suiten und die Rezeption wurden von der Künstlerin Ingrid Canins gestaltet. Sie ergänzte auch die Tapetenmalereien in der großen Diele in Handarbeit mit eigenen Motiven. Das Interieur-Konzept setzt die vorhandenen historischen Möbel in ein Spannungsfeld mit klassischen Designermöbeln, der gesamte Entwurf lebt vom Dialog zwischen historischen Gemäuern und zeitgenössischem Design.

Außenansicht Ensemble. Treppenhaus. Innenansicht Zimmer. Frontansicht.

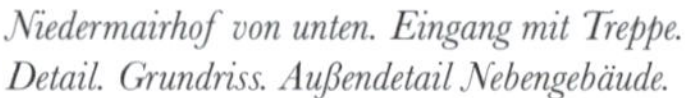

Niedermairhof von unten. Eingang mit Treppe. Detail. Grundriss. Außendetail Nebengebäude.

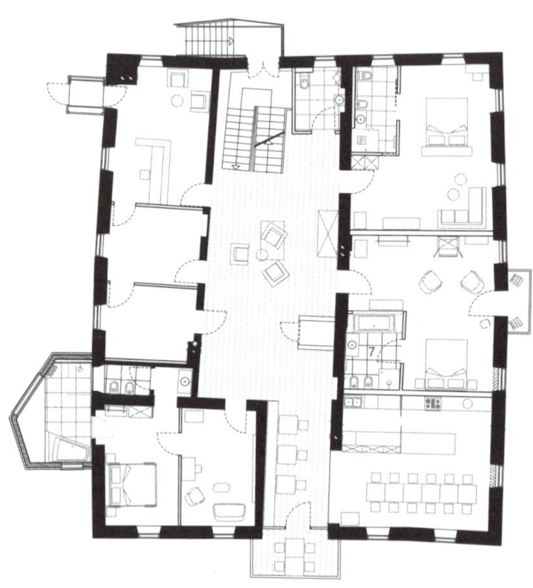

SEHEN & ERLEBEN. DIETENHEIM IST EIN ORTSTEIL DER STADT BRUNECK IM PUSTERTAL. DORT LIEGT DER KRONPLATZ, MIT 119 PISTENKILOMETER UND 32 AUFSTIEGSANLAGEN DAS GRÖSSTE SKIGEBIET SÜDTIROLS. RICHTUNG OSTEN ERKENNT MAN DIE GIPFEL DER PRAGSER DOLOMITEN, SIE SIND TEIL DES UNESCO WELTKULTURERBES. IM SOMMER GIBT ES VERSCHIEDENE WASSERFÄLLE ZU ERKUNDEN:
DIE KNEIPPANLAGE REISCHACH, DIE RIENZSCHLUCHT IN BRUNECK ODER DIE REINBACH-WASSERFÄLLE IN SAND IN TAUFERS. BESONDERS SEHENSWERT SIND DER ANTHOLZER SEE, DER TOBLACHER SEE UND NATÜRLICH DER PRAGSER WILDSEE. DIREKT NEBEN DER UNTERKUNFT LIEGT DAS VOLKSKUNDEMUSEUM DIETENHEIM MIT SEINEN JAHRHUNDERTEALTEN GEBÄUDEN. EIN ARCHITEKTONISCHER LECKERBISSEN SIND DIE MESSNER MOUNTAIN MUSEEN RIPA (BRUNECK) & CORONES (KRONPLATZ).

INFORMATIONEN. ARCHITEKTURBÜRO> VENTIRAARCHITEKTEN // 2006. REIHENHÄUSER> 320 QM // 4–8 GÄSTE PRO WOHNUNG // 2–3 SCHLAFZIMMER // 2–3 BADEZIMMER.
ADRESSE> SCHMIEDSEGG 661, KAPPL, ÖSTERREICH.
WWW.ARADIRA.AT

Außenansicht.
Detail Außentreppe.
Küche und Wohnbereich.

Frontansicht vom Garten.
Terrasse mit Panoramablick.
Schlafzimmer.

Aradira Appartements

KAPPL, ÖSTERREICH

Die räteromanischen Ursprünge sind noch in zahlreichen landwirtschaftlichen Bauten und Namensgebungen der Ortsteile von Kappl spürbar. So auch im Hausnamen Aradira, welcher aus dem räteromanischen Namen für „Kartoffelacker“ abgeleitet ist und die ursprüngliche Nutzung des steilen Hanggrundstückes widerspiegelt. Das Aradira liegt am Nordhang des Ortes Kappl und richtet sich nach Osten und Westen aus. Die Hangneigung bildet die aufsteigende Geometrie des Gebäudes mit einer Länge von 13 Metern. Auf Straßenniveau befinden sich die Parkmöglichkeiten für Fahrzeuge, private Abstellmöglichkeiten für Skiausrüstung und Fahrräder.
Über die ostseitig gedeckte Freitreppe erschließen sich die einzelnen Wohnhäuser. Da jede der vier Wohnungen einen eigenen Hauszugang besitzt, entsteht der Eindruck eines ganz privaten Ferienhauses. Auf der Eingangsebene jedes Appartements befinden sich zwei Schlafzimmer mit einer Zusatzschlafcouch und einem privaten Badezimmer. Über die einläufige Holztreppe erreicht man das Obergeschoss und der freie Blick Richtung Bergkulisse der angrenzenden 3.000er Gipfel öffnet sich dem interessierten Beobachter. Im Obergeschoss befindet sich eine Wohnküche mit Kachelofen und einer Sonnenterrasse zum Verweilen. Im Nordwesten der Appartements kann der Besucher mit einem Saunabesuch das Erlebte des Tages Revue passieren lassen. Die Aradira Appartements sind ein kompletter Holzbau in Kombination mit heimischem Schiefer und heimischer Lärchenholzverkleidung. In jedem Appartement setzen Lodenstoffe Farbakzente und als Heizung kommt eine Wärmepumpe mit Erdsonde zum Einsatz.

Innenansicht.
Reihenhäuser bei Nacht.
Grillplatz. Küche und Essbereich.
Grundrisse.

SEHEN & ERLEBEN. IM WINTER LOCKT DAS SKIGEBIET VON KAPPL, ISCHGL, GALTÜR UND SEE MIT ÜBER 300 PISTENKILOMETERN UND 55 SEILBAHNEN UND LIFTEN. WUNDERBARE LANGLAUFLOIPEN BEFINDEN SICH ZWISCHEN ISCHGL UND GALTÜR MIT SEINEM HERRLICHEN PANORAMA. WINTERWANDERWEGE ENTLANG DES ALTEN TALWANDERWEGES UND IN DEN SKIGEBIETEN. IM SOMMER STEHT BIKEN, FÜR TRAINIERTE OHNE UND FÜR ALLE ANDEREN MIT UNTERSTÜTZUNG, AUF DEM PROGRAMM. DIE NÄHE ZUR HISTORISCHEN ALTSTADT VON INNSBRUCK ODER MERAN LÄSST DEN AUFENTHALT UNVERGESSLICH WERDEN.

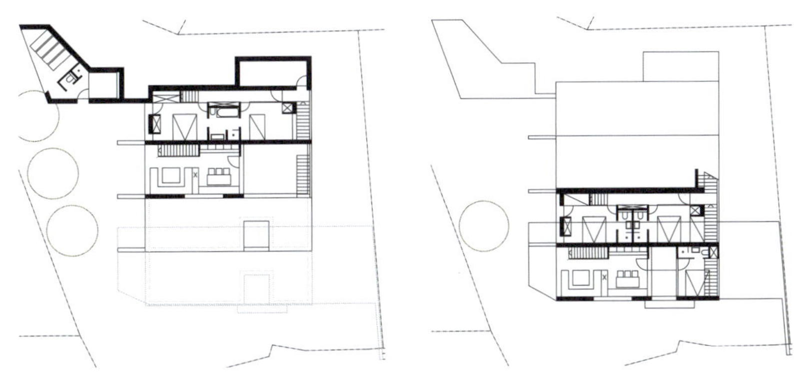

INFORMATIONEN. ARCHITEKTURBÜRO> ELMAR UNTERHAUSER EU ARCHITECTS // INNENARCHITEKTUR> BIQUADRA // 2019. SUITEN> 510 QM // 18–26 GÄSTE // 9 SCHLAFZIMMER // 13 BADEZIMMER. ADRESSE> LAUBEN 309, MERAN, ITALIEN. WWW.KUNTINOSUITES.COM

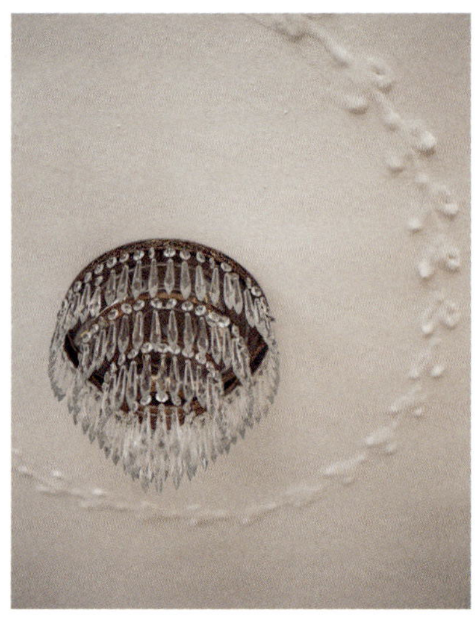

Wohnzimmer. Detail Leuchter. Innenansicht Suite.

Kuntino Suites

MERAN, ITALIEN

In dem historischen Laubenhaus der Meraner Laubengasse entstanden im Zuge des Sanierungsprojektes neun großzügige Suiten zwischen 40 und 75 Quadratmetern in den beiden Obergeschossen und im Erdgeschoss die Kuntino's Bar. Die bestandschonende Sanierung des Gebäudes unter der Leitung des Meraner Architekten Elmar Unterhauser mit seinem Büro EU Architects und die innenarchitektonische Planung der einzelnen Suiten und der Bar unter der Leitung von Innenarchitektin Christina Biasi-von Berg mit ihrem Büro Biquadra ergeben ein interessantes Gesamtprojekt, welches einerseits den historisch wertvollen Charakter des Gebäudes hervorhebt und gleichzeitig den Komfort und die Großzügigkeit eines zeitgemäßen Wohnens ermöglicht. Die verbesserte, auf die neue Nutzung abgestimmte räumliche Strukturierung und das Hervorheben der historisch wichtigen Elemente, zum Beispiel der zentrale Treppenaufgang, geben dem architekturgeschichtlich bedeutenden Gebäude eine neue Persönlichkeit. So wird der historische und für Meran kennzeichnende Charme in jeder Suite spürbar, obwohl keine der anderen gleicht. Außen und innen bleiben die Zeitspuren erkennbar, denn neue Materialien heben sich durch ihre Oberflächenstruktur und Farbe von den bestehenden ab. Ein mit Bedacht ausgewählter Mix aus vor Ort gefundenen Details sowie eigens designte Elemente kombiniert mit luxuriöser Ausstattung machen jede der neun Suiten zu einem besonderen Urlaubsdomizil für Design-Liebhaber, Nostalgiker und anspruchsvolle Reisende.

SEHEN & ERLEBEN. DIE KUNTINO SUITES BEFINDEN SICH ZENTRAL IN DER MERANER ALTSTADT. DIE VIELEN HISTORISCHEN BAUTEN, MUSEEN, GESCHÄFTE UND LOKALE VOR ORT BEGEISTERN STADT- UND KULTURLIEBHABER. ZAHLREICHE WANDERWEGE UND SKIGEBIETE IN DER UMGEBUNG BIETEN AUCH FÜR AKTIVE GÄSTE UNVERGESSLICHE ERLEBNISSE UND KULISSEN. GANZ ZU SCHWEIGEN VON DEN KULINARISCHEN ERLEBNISSEN.

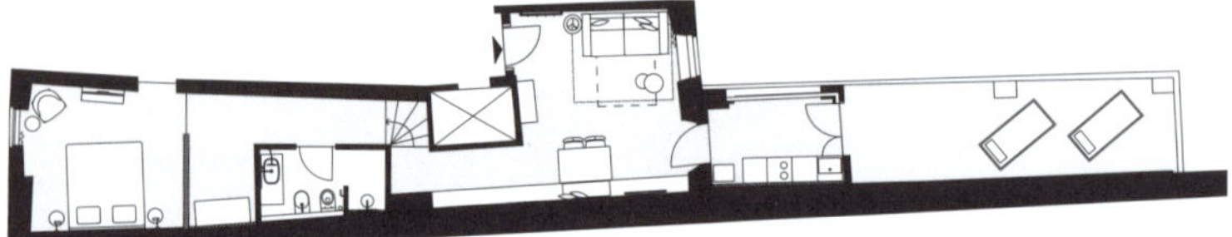

Außenansicht. Grundriss.
Küche und Essbereich.

Gemeinschaftsbereich.
Detail Treppe. Schlafzimmer.

INFORMATIONEN. BESITZER> SZILVIA UND REINHARD RAUTER // 2019. PAVILLONS> 120–140 QM // 8–12 GÄSTE // 4 SCHLAFZIMMER // 4 BADEZIMMER. ADRESSE> STILUMSERSTRASSE 4, FELDTHURNS, ITALIEN. WWW.DIETRICHHOF.COM

Dietrichhof – a bsunders Platzl

FELDTHURNS, ITALIEN

Nachhaltiges und ökologisches Bauen kennzeichnet den Wohnkomfort im Dietrichhof. Im alten Stadel wurden vier moderne Pavillons eingebaut, die den Elementen Erde, Feuer, Wasser und Luft zugeordnet sind. Hier kann man im wahrsten Sinne des Wortes durchatmen und entspannen. Zu den biologisch abbaubaren Baustoffen gehören ausschließlich nachhaltige und natürliche Materialien wie Stroh, Holz und Lehm. Die guten Dämmeigenschaften und der feuchtigkeitsregulierende Lehm sorgen für bestes Raumklima und wirken sich positiv auf das Wohlbefinden aus. Gut geschnittene Räume und großzügige Ausblicke in die Weite der Natur machen den Aufenthalt im Dietrichhof zu einem Genuss.

Die barrierefreien Pavillons sind 30 und 37 Quadratmeter groß und können zwei bis vier Personen beherbergen. Sie verfügen über ein Doppelbett, ein Ess- und Wohnbereich mit Schlafsofa und über einen Balkon, von dem aus die herrliche Natur, der wunderbare Blick auf die Bergwelt bestaunt werden kann.

Blick auf Panoramaterrasse. Innenansicht Schlafzimmer. Detail Küche. Ansicht Ensemble mit Bergpanorama.

Innenansicht eines Pavillons. Gemeinschaftsraum mit Aussicht. Kleines Fenster mit Blick auf die strohgedeckten Wände. Ansicht von vorne.

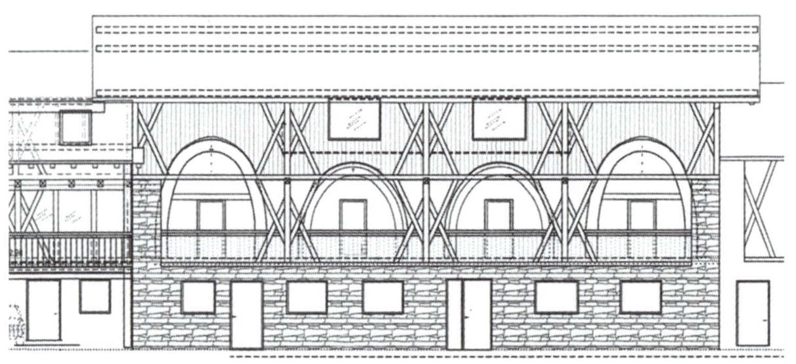

SEHEN & ERLEBEN. ABSEITS VON DORF UND GETÖSE GENIESSEN DIE GÄSTE ABSOLUTE ENTSPANNUNG AUF HÖCHSTEM NIVEAU. DER DIETRICHHOF BEFINDET SICH IM EISACKTALER MITTELGEBIRGE IM HERZEN SÜDTIROLS IM DORF FELDTHURNS AUF 1.187 M ÜBER MEERESHÖHE. VERSCHNEITE UND WILDROMANTISCHE LANDSCHAFTEN SIND EIN PARADIES FÜR PISTEN-WEDLER UND SCHNEELIEBHABER. ZARTROSA APFELBLÜTE UND BESONDERE FRÜHLINGSERWACHEN KENNZEICHNEN DIE ZAUBERHAFTE LANDSCHAFT MIT BUNTEN BLUMEN-WIESEN, RIESIGEN BERGSPITZEN UND FASZINIERENDEN AUSBLICKEN – EIN ORT FÜR AKTIVURLAUBER UND ERHOLUNGSSUCHENDE.

Beleuchtete Gesamtansicht.
Detail der Struktur.

INFORMATIONEN. ARCHITEKTURBÜRO> NOA* NETWORK OF ARCHITECTURE // 2020. HOTEL> 2.890 QM // 88 GÄSTE // 44 SCHLAFZIMMER // 44 BADEZIMMER. ADRESSE> TORGGLERHOF 19, ST. MARTIN IM PASSEIER, SALTAUS, ITALIEN. WWW.APFELHOTEL.COM

Gebäude vom Garten. Apfelhotel Torgglerhof. Innenansicht Zimmer.

Apfelhotel Torgglerhof

SALTAUS, ITALIEN

Der Apfel fällt nicht weit vom Stamm, heißt es. Mit der neuen, jungen Generation geht das Apfelhotel im Südtiroler Saltaus neue Wege, ohne die alten Pfade ganz zu verlassen. noa* hat einen historisch gewachsenen Ort zur Heimat der Sinne und der gemeinsamen Momente gemacht. Mitten in der Kulturlandschaft Südtirols befindet sich der Torgglerhof, dessen Wurzeln im klassischen Apfelanbau liegen, sich jedoch mit der Zeit in einen Ort der Begegnung und des Genusses entwickelte. 2016 wurde neben dem bestehenden Haupthaus mit Restaurant der alte Stadel entkernt und umfunktioniert. Hinter der originalen Fassade befindet sich im unteren Geschoss die Produktion eigener Köstlichkeiten, die unter anderem aus deren Äpfeln hergestellt werden, darüber sind die Gästezimmer untergebracht. Parallel dazu wurde die Apfelsauna realisiert, der erste Teil einer großzügigen Wellness- und Erholungslandschaft. Neue Suiten gliedern sich in die Struktur des Haufenhofes ein und sprechen eine ländliche Sprache. So gelingt es, den Charakter des Ensembles nicht zu zerstören und dessen Maßstäblichkeit beizubehalten. Die Antithese zu dieser ländlichen Bebauung ist eine begrünte und moderne Gartenarchitektur des Wellnessbereiches im Zentrum des gesamten Areals. Im Osten befinden sich die neuen Gartensuiten, drei eigenständige Gebäude mit insgesamt 18 Gästezimmern auf drei Etagen. Mit ihren Satteldächern nehmen sie die Architektursprache der Umgebung auf und vereinen durch ihre Fassadengestaltung Tradition und Moderne. Die 40 individuell gestalteten Zimmer und Suiten bestechen durch ihre qualitätvolle Architektur und schaffen eine ganz besondere Atmosphäre.

SEHEN & ERLEBEN. DIE NEU ERÖFFNETE WELLNESSANLAGE VERFÜGT IM OBERGESCHOSS ÜBER EINEN „ADULTS ONLY"-BEREICH MIT SAUNALOUNGE, RUHERAUM, FINNISCHER SAUNA, DAMPFBAD UND TERRASSE MIT OUTDOOR-DUSCHE. ABER AUCH RUND UM DEN APFELHOF GIBT ES VIEL ZU ERKUNDEN: DAS MERANER LAND BIETET NICHT NUR RADFAHRERN, GOLFERN UND ENTDECKERN EINE WUNDERBARE UMGEBUNG, AUCH DIE STADT MERAN LÄDT ZU SCHÖNEN AUSFLÜGEN EIN. UND DIE GASTGEBER HABEN FÜR IHRE GÄSTE NOCH EIN PAAR GEHEIMTIPPS PARAT.

Wellnessbereich als „grünes Herz“. Lageplan. Entspannungsbereich mit Panoramablick.

Essbereich. Wellnessbereich. Außenansicht Apfelhotel Torgglerhof.

INFORMATIONEN. ARCHITEKTURBÜRO> RLC ARCHITEKTEN, HERMANN UND KATHARINA STUCKI SCHMEZER // 2013. ALTE FABRIK> LOFTSUITE 330 QM UND TURMLOFT 90 QM // 4 UND 8 GÄSTE // 2 UND 4 SCHLAFZIMMER // 1 UND 2 BADEZIMMER. ADRESSE> ALTE SPINNEREI, MURG AM WALENSEE, SCHWEIZ. WWW.LOFTHOTEL.CH/UEBERNACHTEN/FERIENWOHNUNGEN/

Schlafzimmer Loftsuite. Detail Küche Turmloft. Badezimmer Loftsuite. Innenansicht Ess- und Wohnbereich Loftsuite.

Lofthotel und Sagibeiz

MURG AM WALENSEE,
SCHWEIZ

Die Region ist geprägt vom Walensee und den imposanten Bergen, die an einen Fjord erinnern. Das Wasser des Sees ist türkisblau wie in der Karibik. Im Lofthotel und Sagibeiz greifen alle 19 Zimmer die Industrievergangenheit auf und sind nach einem Arbeitsraum der alten Spinnerei in Murg benannt. Der ehemalige Löschwasserturm wurde in eine fünfstöckige Turmsuite für maximal vier Personen ausgebaut.

Ausgestattet ist die Turmsuite mit einer Tee-Küche (zwei Herdplatten, kleiner Ofen), Essecke, Balkon, Wohnzimmer, ein Kingsize Bett, zwei Einzelbetten, Dusche/WC, WLAN, Flachbildschirm-TV, Radio, iPod-Docking-Station, Föhn und einer wunderbaren Aussicht auf die Berge und den Walensee. Der Balkon ist zum Innenhof ausgerichtet. Die auf einer Ebene liegende, 330 Quadratmeter große Loftsuite verfügt über vier Loftzimmer (Doppelzimmer), zwei Badezimmer mit Dusche/WC oder Bad/WC, eine Küche, einen sehr großzügigen Wohnbereich sowie einen Balkon. Ausgestattet mit einem sechs Meter langem Massivholztisch, diversen Sitzgelegenheiten, großem Flachbildschirm-TV, Radio, iPod-Docking-Station, Föhn, WLAN und ebenfalls mit See- und Bergsicht. Der hinter dem Haus liegende, größte Kastanienwald nördlich der Alpen inspirierte die Innenraumgestaltung. In beiden Einheiten wurden individuell entworfene Unikate aus Kastanienholz mit Designermöbeln und Kunstwerken kombiniert.

Innenansicht des offenen Wohnbereichs Loftsuite. Schlafzimmer Turmloft.

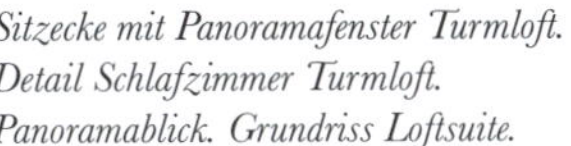

Sitzecke mit Panoramafenster Turmloft.
Detail Schlafzimmer Turmloft.
Panoramablick. Grundriss Loftsuite.

SEHEN & ERLEBEN. IM SOMMER UND HERBST IST WASSERSPORT UND NATURGENUSS ANGESAGT, IM WINTER SCHNEESPORT, IM FRÜHLING TEILWEISE ALLES ZUSAMMEN. ZUDEM GIBT ES IM AREAL KUNST-AUSSTELLUNGEN ZU BESTAUNEN. ZÜRICH LIEGT 45 AUTOMINUTEN ENTFERNT, NACH BAD RAGAZ SIND ES 25 MINUTEN. AUSFLÜGE NACH CHUR, GLARUS, NÄFELS UND VADUZ SIND SEHR EMPFEHLENSWERT. RUND UM DEN SEE GIBT ES VIELES ZU ENTDECKEN: DAS AUTOFREIE QUINTEN LÄDT ZUM VERWEILEN EIN, AUF DEM FLUMSERBERG WIRD IM SOMMER GERODELT, GEKLETTERT UND GEWANDERT, IM WINTER SKI GEFAHREN UND WEITEREN WINTERSPORTARTEN GEFRÖNT.

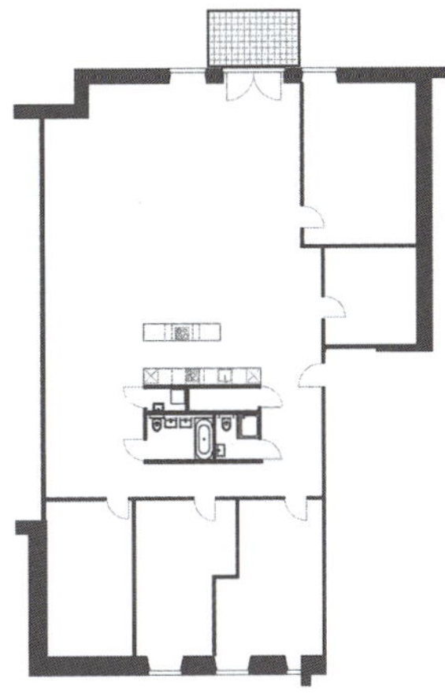

INFORMATIONEN. ARCHITEKTURBÜRO> FLORIAN NAGLER // 2012. NATURHOTEL & GESUNDHEITSRESORT> 9–36 QM JE ZIMMER // 100 GÄSTE // 60 SCHLAFZIMMER // 60 BADEZIMMER. ADRESSE> TANNERHOFSTRASSE 32, BAYRISCHZELL, DEUTSCHLAND. WWW.TANNERHOF.DE

Tannerhof

BAYRISCHZELL, DEUTSCHLAND

Normalität, Entspanntheit, das Nebeneinander von Jung und Alt, von Laut und Leise, von Hochprozentigem und Kräutertee. Der Tannerhof oszilliert zwischen Hotel, Gesundheit, Bio-Gourmetküche, Kultur und Natur. Er ist uneindeutig, kunstvoll, liebevoll. Urlaub ist am Tannerhof für Körper und Kopf – ohne Kasperei, ohne Livriertheit: Heilfasten oder Fünf-Gänge Slowfood Menü, Zimmer mit 9 bis 36 Quadratmeter. Altes und Neues, Kunst und Gewächshaus, Highheels und Barfußlaufen. Hier sind Tannerhof-Architektur und -Philosophie ausnahmsweise mal streng: chacun à sa façon. Was nach Klischee klingt, macht den Tannerhof zu einem Impulsort – avantgardistisch in seiner Authentizität. Auf der einen Seite einfach, fast naiv, liebevoll-schrullig und digital verlangsamt. Mit Architekt Florian Nagler dann aber auch Moderne at its best: zurückhaltender Respekt vor dem über Generationen gewachsenen Gebäudebestand. Die elegant-unaufdringliche architektonische Klammer um Gebäude aus verschiedenen Epochen, die das Herzstück – das ehrwürdige Bauernhaus Alte Tann – sogar noch stärkt. Naglers Hüttentürme von 2012 stehen als zeitgemäße Nachbarn neben Einsiedlerhütten von 1905 – ergänzend, nicht dominierend. Architektonisches Miteinander im Außen trifft auf die Tannerhof-Philosophie im Innen. Zukunftsweisend mag der Tannerhof in seinem Anti-Konsumismus, Nachhaltigkeits- und Gemeinwohlgedanken sein.

Innenansicht Almzimmer. Hüttenturm und Umgebung. Fassade. Tannerhof Gesamtansicht.

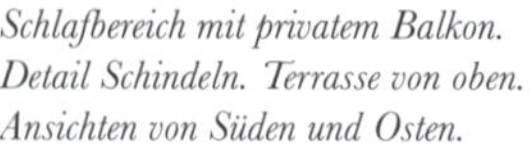

Schlafbereich mit privatem Balkon.
Detail Schindeln. Terrasse von oben.
Ansichten von Süden und Osten.

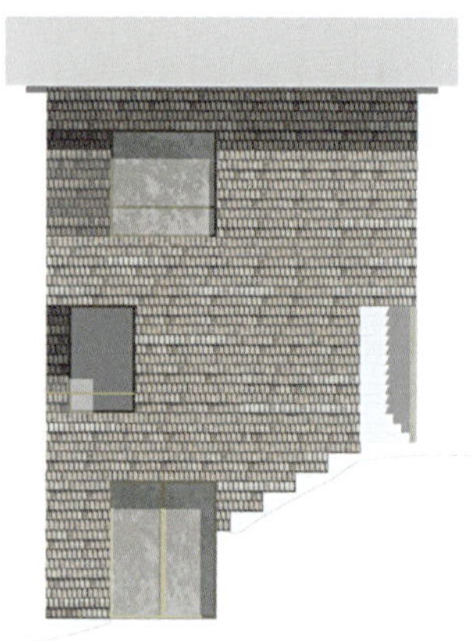

SEHEN & ERLEBEN. AN DEN HANG GESCHMIEGT OBERHALB VON BAYRISCHZELL – MIT BLICK AUF DEN WENDELSTEIN UND DAS SUDELFELD IM RÜCKEN, LIEGT DER TANNERHOF. IM SOMMER WANDERN, RADFAHREN, GLEITSCHIRMFLIEGEN. SCHWIMMEN IM SCHLIERSEE, THIERSEE, TEGERNSEE. IM WINTER ENDLOSE LOIPENKILOMETER IN BAYRISCHZELL UND FISCHBACHAU. DIE SKIGEBIETE SUDELFELD UND SPITZINGSEE. KULTUR IN MÜNCHEN, SIGHTSEEING IN SALZBURG, KUFSTEIN UM DIE ECKE. DIE WERTEPRODUZENTEN-KOLLEGEN IM LANDKREIS. UND IMMER: ZURÜCKKOMMEN IN DAS URLAUBSZUHAUSE. FERN SEHEN OHNE FERNSEHER. UNTER DEN BÄUMEN LIEGEN UND LESEN. IM KAMINZIMMER INS FEUER SCHAUEN UND AUF DER WURLITZER DEN LIEBLINGSSONG SPIELEN.

Blick auf die Hüttentürme bei Nacht. Orangerie.

INFORMATIONEN. ARCHITEKTURBÜRO> HK ARCHITEKTEN // 2007.
HÜTTE> 500 QM // 72 GÄSTE //
11 SCHLAFZIMMER // 2 BADEZIMMER.
ADRESSE> DORNAUBERG 110,
GINZLING, ÖSTERREICH.
WWW.OLPERERHUETTE.DE

Essbereich mit Panoramafenster.
Außenansicht. Olpererhütte mit Bergen.
Ensemble umgeben von Natur.

Olpererhütte

GINZLING, ÖSTERREICH

Die Olpererhütte liegt in den Zillertaler Alpen auf 2.389 Meter Höhe im Naturpark Zillertal, oberhalb des Schlegeisspeichers (1.782 m). Aufgrund der südseitigen Lage im Riepenkar, direkt unter dem massiven Olperer (3.467 m), dem drittgrößten Gipfel der Zillertaler Alpen, können Besucher der Hütte den ganzen Tag die Sonne genießen. Von der Olpererhütte bietet sich eine großartige Aussicht über den See hinweg auf den Zillertaler Hauptalpenkamm mit dem Gletscherfeld und den drei Gipfeln von Hochfeiler (3.510 m), Großer Möseler (3.473 m) und Hoher Weißzint (3.371 m). Die Olpererhütte befindet sich am Fernwanderweg 502 von München nach Venedig, auf der Zillertaler Runde, dem Berliner Höhenweg und an der Neumarkter Runde, einem im Jahre 2006 neu angelegten Panorama-Höhenweg. Die 1881 durch die Sektion Prag errichtete Olpererhütte gehört zu den frühen Schutzhütten der Ostalpen. Ziel war es damals, Bergsteigern eine „bequeme" Begehung des Olperers zu ermöglichen. Auch Touren auf den Fußstein, die Gefrorene-Wand-Spitzen und den Schrammacher sollten vereinfacht werden. Nach dem Kauf durch die Sektion Berlin im Jahr 1900 erhielt die Hütte zusätzliche Bedeutung als Stützpunkt auf dem Berliner Höhenweg. 2004 verkaufte die Sektion Berlin die Hütte an die Sektion Neumarkt, die diese von 2005 bis 2007 neu errichtete. Seit der Eröffnung 2008 bietet die Olpererhütte ihren Gästen eine entspannte Auszeit in einem aus natürlichen Materialien gestalteten Haus, das im Inneren eine warme und wohnliche Atmosphäre ausstrahlt und nach außen wunderbare Ausblicke in die schöne Natur preisgibt.

Außenansicht. Umgebung.

Außenansicht. Hütte mit Bergen.
Blick auf den Sonnenuntergang.

SEHEN & ERLEBEN. DIE DIREKTE UMGEBUNG DER OLPERERHÜTTE BIETET EIN HOCHKLASSIGES ALPINES ANGEBOT FÜR AKTIVE UND PASSIVE ERHOLUNG. BESONDERS HERVORZUHEBEN IST DIE NEUMARKTER RUNDE. IN 4,5 GEHSTUNDEN ERLEBT MAN EINE ATEMBERAUBENDE UND ABWECHSLUNGSREICHE DARBIETUNG DER NATUR. VORBEI AN WASSERFÄLLEN UND EINEM STAUSEE ERREICHT MAN DIE OLPERERHÜTTE – NUR WENIGE METER WEITER BEFINDET SICH DIE SPEKTAKULÄRE HÄNGEBRÜCKE, DIE EINE UNBESCHREIBLICHE AUSSICHT ÜBER DEN TÜRKISBLAUEN SCHLEGEISSPEICHER BIETET.

INFORMATIONEN. ARCHITEKTURBÜRO> ELMAR UNTERHAUSER EU ARCHITECTS // 2017. FERIENWOHNUNGEN> 582,50 QM // 24 GÄSTE // 9 SCHLAFZIMMER // 9 BADEZIMMER. ADRESSE> OTTO HUBER-STRASSE 19, MERAN, ITALIEN. WWW.DESIREEMERAN.COM

Innenansicht Schlafzimmer. Treppenhaus. Außenansicht vom Garten.

Désirée Design-Appartements

MERAN, ITALIEN

Inmitten einer ruhigen Kastanienallee nahe der Altstadt von Meran liegt das neue Appartementhaus und die dazugehörige Villa aus dem 19. Jahrhundert. Das neue viergeschossige Appartementhaus zeichnet sich durch eine ungewohnt artikulierte Baumasse und seine dynamische Form aus. An jeder Gebäudeecke finden sich freitragende Elemente als Teil der Wohnungen und als Terrassen, die durch Glasbrüstungen begrenzt sind. Die Entwurfsidee, eine üblicherweise einheitliche Struktur in verschiedene, auf jeder Ebene zueinander gedrehte Volumina zu zerlegen, basiert auf mehreren Überlegungen.

Zunächst entstehen mehrere Sichtachsen, dann wird durch die gedrehte Form des Gebäudes die physische Präsenz des Bauvolumens verringert, wodurch es weniger hoch erscheint. Durch die Torsion des auf jeder Ebene sichtbaren Volumens entstehen an den Ecken aller Wohnungen überdachte Außenbereiche, die als Terrassen oder Balkone nutzbar sind. All dies wird begleitet von einer Beleuchtung, die dem Gebäude am Abend ein elegantes und spannendes Aussehen verleiht. Alle Appartements, bestehend aus einem Wohn-Küchen-Bereich und einem separaten Schlafbereich, sind dreiseitig belichtet und belüftet. Das Haupttreppenhaus und der Aufzug in der Gebäudemitte bilden als zylindrisches Hohlvolumen, den zentralen Kern des neuen Gebäudes. Die Rotation der einzelnen Ebenen erzeugt interessante, räumliche Außenbereiche, während die Fassadenöffnungen in verschiedenen Formen und Größen die weiß verputzte Gebäudeoberfläche beleben.

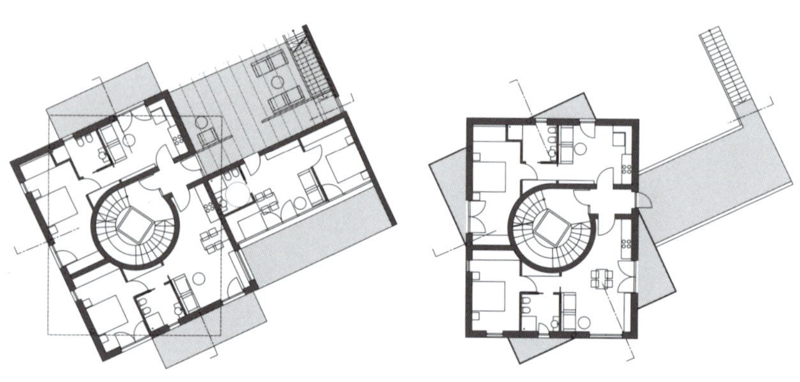

SEHEN & ERLEBEN. DAS ANGEBOT IST RIESIG: VIELE SKIGEBIETE WIE MERAN 2000, SCHNALSTAL, ULTENTAL UND SCHWEMMALM LOCKEN EBENSO WIE DIE KURSTADT MERAN MIT DEM KURHAUS, DEM ALTSTADTTHEATER, DEM KUNSTHAUS, DER TAPPEINER PROMENADE. UNZÄHLIGE WANDERWEGE AUF DEN UMLIEGENDEN GEBIRGSKETTEN KÖNNEN ERKUNDET WERDEN.

Außenansicht mit Bergen. Grundrisse.
Ensemble vom Garten.

Ansicht von vorne.
Ensemble bei Nacht.

INFORMATIONEN. ARCHITEKTURBÜRO> LECHNER TOM – LP ARCHITEKTUR // 2016. HISTORISCHES BAUERNHAUS> 200 QM // 8–12 GÄSTE // 4 SCHLAFZIMMER // 2 BADEZIMMER. ADRESSE> NEUBACH 2A, ANNABERG-LUNGÖTZ, SALZBURGERLAND, ÖSTERREICH. WWW.KAETHUNDNANEI.AT

Gewölbekeller als Weinlager. Detail Türen. Badezimmer mit Sauna. Schlafzimmer. Außenansicht vom Garten.

Alpenchalet Käth & Nanei

SALZBURGERLAND, ÖSTERREICH

Indem Altes erhalten wurde und Neues unaufdringlich für Komfort sorgt ist ein besonderes Haus für besondere Menschen wiedererweckt worden. Das Großschlaggut kann mit seiner Geschichte zurück bis ins 16. Jahrhundert verweisen. Das Bauernhaus wurde saniert und seit 2016 steht Käth & Nanei mit dem Motto „Einfach sein ..." als ehrlich-ursprüngliches und komfortables Urlaubsdomizil zur Verfügung.

Nach Bauformen von vor über 400 Jahren restauriert, bietet das Haus heute Platz für bis zu zwölf Personen. Mit vier Schlafzimmern, Badezimmern, Bauernküche und der „Guten Stube", einem Ski- und Sportdepot sowie dem Gewölbe als Vorrats- & Ideenraum. Die Räume entsprechen heute ganz den gehobenen Ansprüchen an ein besonderes Urlaubsdomizil. Die Möglichkeiten einen ganzen Hof für sich alleine zu mieten, sind dünn gesät. Auf dem neuen historischen Großschlaggut, hat man diese Exklusivität, die jedem Gast für ein paar Tage oder auch Wochen ein atmosphärisches Zuhause bietet. Auch kleinere Feiern wie Hochzeiten und Jubiläen mit Catering von Max Pfeiffenberger von der Firma Essgalerie, als Brainstorming- und Innovationstag, oder die „Schmiedestätte" für Meetings im kleinen Kreis können hier gebucht werden. Entspannungsplätze wie an den Panoramafenstern und den Schwebeliegen im Obstgarten laden zum Auftanken ein und passen zum Konzept des Hauses, einen Ort mit hoher Aufenthaltsqualität zu schaffen.

Alpenchalet mit Schnee.
Küche von oben.

Blick auf den Essbereich. Innenansicht Badezimmer. Grundrisse.

SEHEN & ERLEBEN. DAS GROSSSCHLAGGUT IM SALZBURGER LAMMERTAL IN ANNABERG-LUNGÖTZ LIEGT AUF EINEM HOCHPLATEAU AUF 950 METER SEEHÖHE IN ABSOLUTER ALLEINLAGE. WEITLÄUFIGE WIESEN UND WÄLDER RUND UM DEN HOF UND DIE BERGKÄMME DER BISCHOFSMÜTZE UND DES DACHSTEIN STEHEN HERRSCHAFTLICH HINTER DEM BAUERNHAUS.

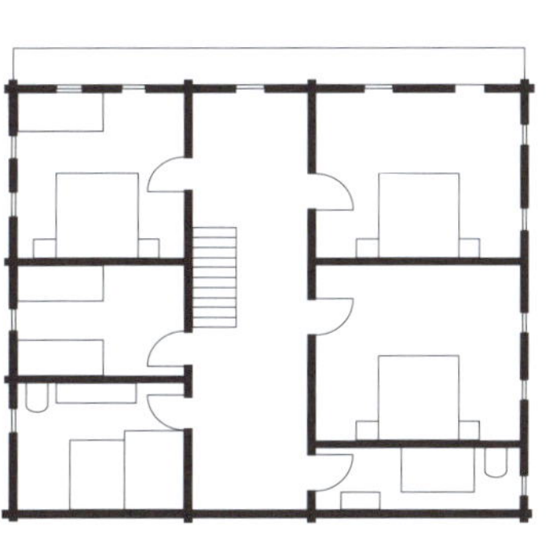

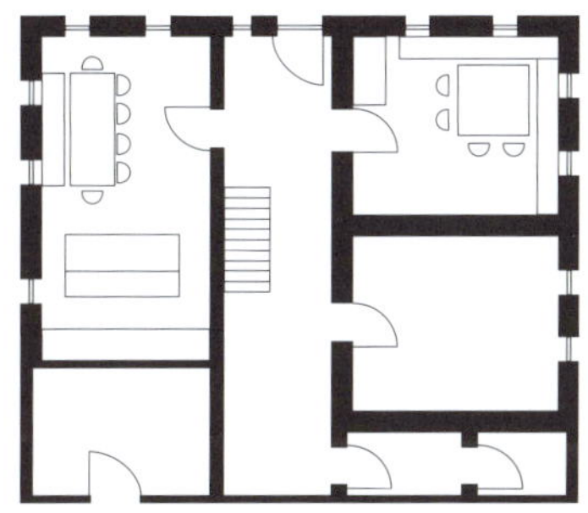

INFORMATIONEN. KONZEPT> SEBASTIAN HATZFELDT // 2015. CHALET> 110 QM // 4–6 GÄSTE // 2 SCHLAFZIMMER // 2 BADEZIMMER. ADRESSE> MOOSALPSTRASSE 247, TÖRBEL, SCHWEIZ. WWW.CHALET-AVANTGARDE.CH

Außenansicht Chalet. Innenansicht Küche und Wohnzimmer. Schlafzimmer.

Chalet Avantgarde

TÖRBEL, SCHWEIZ

Um den lokal vorgeschriebenen Chaletstil des Äußeren auf das Heute zu beziehen, setzt sich das Chalet Avantgarde in der Dachkonstruktion bewusst von der sonst häufigen Anmutung „schwerer Balken" ab – es hat sich das Prinzip einer optischen Leichtigkeit zum Ziel gesetzt. Mit gestalterisch und konstruktiv gekonnten Details sowie präziser Handwerkskunst wurde der Bau des Chalets umgesetzt.

Anstelle von schweren Balken wurde Brettsperrholz mit zusätzlichen Einlagen eingesetzt, so dass ein sehr filigran wirkender Dachüberstand realisiert werden konnte. Dieser steht in denkbar ausgeprägtem Kontrast zu den üblichen Dächern im alpinen Bereich. Der Innenausbau ist charakterisiert durch ein sowohl exklusives wie explizit modern anmutendes, astloses Lärchenholz Schweizer Provenienz, wie es in dieser konsequenten Form bei einem Alpenchalet bisher wohl noch nicht verwirklicht wurde. Das Überzeugende besteht in der Symbiose aus einerseits Ruhe, aber anderseits auch genügend Abwechslung im Holzmuster. Eine finale Behandlung mit Öl bringt den warmen Ton des Lärchenholzes optimal zur Geltung. Zur Unterhaltung steht ein Heimkino in 78-Zoll, eine große Musikanlage sowie eine Bibliothek mit einer famosen Auswahl an Büchern in dem Ferienhaus zur Verfügung.

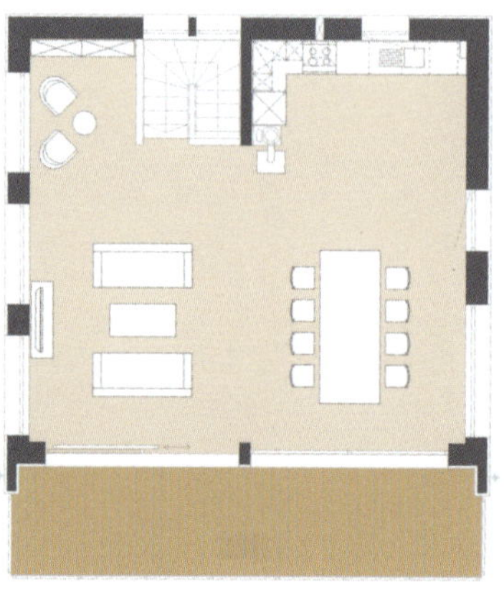

SEHEN & ERLEBEN. EINGEBETTET IN EINE EXKLUSIVE LANDSCHAFT GEHT DER BLICK DIREKT AUF NEUN VIERTAUSENDER IN DREI GEBIRGSMASSIVEN ODER 1.000 METER IN DIE TIEFE DES ZERMATTER TALS. IM SOMMER GROSSE ALP MIT 130 KÜHEN UND AB MITTE OKTOBER GOLDENES FARBENMEER DER LÄRCHEN. IM WINTER VIELE WANDERWEGE UND DAS NUR EINEN KILOMETER ENTFERNTE SKIGEBIET MOOSALP. DIE GROSSEN SKIGEBIETE ZERMATT, SAAS FEE UND GRÄCHEN SIND GUT ERREICHBAR.

Chalet mit Schnee. Grundrisse. Frontalansicht.

Wohnzimmer mit Panoramafenstern. Detail Lesebereich. Hausansicht von unten.

INFORMATIONEN. ARCHITEKTURBÜRO> FEUERSINGER ARCHITEKTUR // 2020. WOHNUNGEN> 90 UND 120 QM // 4–6 GÄSTE UND 6–9 GÄSTE // 2 UND 3 SCHLAFZIMMER // 2 BADEZIMMER JE WOHNUNG. ADRESSE> POSTPLATTENSTRASSE 20, HOF BEI SALZBURG, ÖSTERREICH. WWW.HAUSUNDHOF-SALZBURG.AT

haus und hof

HOF BEI SALZBURG, ÖSTERREICH

Auffallend, wie wenig die drei ruhig und geschmackvoll gestalteten Wohnungen, die in den Hang gebaut sind, auffallen. Das Objekt zeichnet sich durch Minimalismus und Reduktion aus. So wenig Formen wie möglich. So wenig verschiedene Materialien wie möglich. So viel Wärme wie möglich. Herausstechend ist die Farbe Schwarz.

Die schwarze Holzfassade passt perfekt zur grünen Natur bzw. im Winter zur weißen Schneelandschaft. Auch innen zieht sich die schwarze Farbe an den Wänden weiter. Mit dem Betonboden und den Holzwänden eine gelungene Kombination. Das Highlight der Wohnung sind die Lichthöfe, die nicht nur angenehme Helligkeit bringen, sondern auch eine außergewöhnliche Ruhe ausstrahlen.

Individuell angefertigte Tischlermöbel und Designerstücke prägen die Inneneinrichtung der Wohnungen, die sich in den liebevoll ergänzten kleinen Details und der individuellen Farbgebung charakterlich von einander unterscheiden. Die „Bodenständige Wohnung“ spiegelt das Erdige und Naturverbundene wider, die „Aktive Wohnung“ steht für das Sportliche, Frische und die „Designverliebte Wohnung“ entsprechend für Design auf höchstem Niveau.

Blick Wohnbereich mit Lichthof.
Küche und Essbereich. Große Fenster.
Außenansicht vom Garten.

Innenansicht Wohnung. Detail Holzbank. Badezimmer. Grundriss.

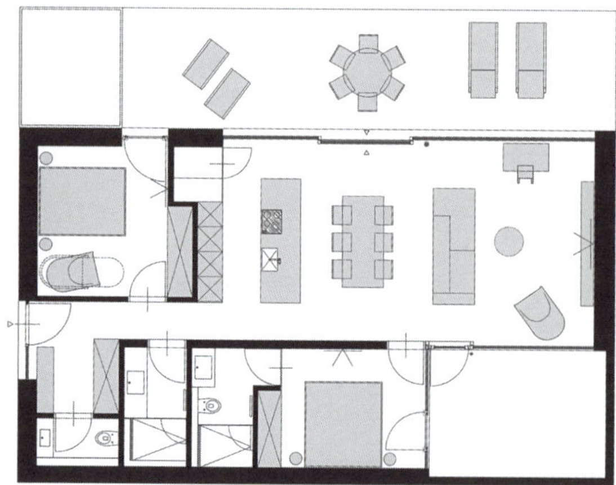

SEHEN & ERLEBEN. DIREKT ZWISCHEN DEM SALZKAMMERGUT UND DER STADT SALZBURG, UMGEBEN VON SEEN UND BERGEN LIEGT DAS HAUS UND HOF. FUSCHLSEE, ATTERSEE, MONDSEE, WOLFGANGSEE, HINTERSEE UND DIE WUNDERBAREN BERGE WIE DER SCHOBER UND DER SCHAFBERG, DAS ZWÖLFERHORN UND DER ALMKOGEL SIND DIREKT VON DEN TERRASSEN DER WOHNUNGEN AUS ZU SEHEN. MEHR ALS FÜNF GOLFPLÄTZE LIEGEN IN DER NÄHE UND BIETEN ALTERNATIVE FREIZEIT-MÖGLICHKEITEN. KULTURELLE ANGEBOTE UND URBANE ABWECHSLUNG BIETET DIE NAHE GELEGENE STADT SALZBURG.

Außenansicht.
Lichthof von oben.

INFORMATIONEN. ARCHITEKTURBÜRO> IKE IKRATH // 2014.
5 LOFTS> 100–120 QM // 2–12 GÄSTE.
ADRESSE> TOSCANINIWEG 10,
BAD GASTEIN, ÖSTERREICH.
WWW.ALPENLOFTS.COM

Schlafzimmer mit Panoramafenster.
Blick vom Balkon. Wohnbereich.

Innenansicht Essbereich.
Detail Fassade.

Alpenlofts

BAD GASTEIN, ÖSTERREICH

Die von dem Architekten Ike Ikrath und seinem kreativen Team gestalteten Alpenlofts, sind für ihr zukunftsorientiertes und umweltfreundliches Design bekannt. Die Ferienhäuser bestehen aus fünf Lofts und liegt inmitten der alpinen Hügel von Bad Gastein, einem fortschrittlichen, verträumten Dorf in den österreichischen Alpen. Jeder Raum ist individuell gestaltet und steht im Dialog zwischen der Innen- und Außenwelt, zwischen der Kraft und der schützenswerten Natur der Berge. Die Lodges mit ihren raumhohen Fenstern, die den Blick über das Tal freigeben, sind jeweils mit einer Privatsauna, einem Kamin, einer ganzjährig überdachten Veranda und Designermöbeln von Charles und Ray Eames, Josef Frank und Hans J. Wegner ausgestattet. Hochwertige Objekte von Iittala, Löwe, Laufen und Miele ergänzen den harmonischen Gesamteindruck.

Alle verwendeten Materialien wurden entweder aus der Region bezogen oder von lokalen Handwerkern hergestellt. Die offene Bauweise hebt die sichtbaren Holzbalken, Natursteine und Massivhölzer hervor, die als Teil einer ganzheitlichen, kreativen und umweltfreundlichen Lösung für bewussten alpinen Luxus gestaltet wurden. „Camillo" – Minimalistisch und zeitgemäß, mitgestaltet von Elma Choung als Hommage an die traditionelle alpine Inneneinrichtung. „Tessa" – Raffiniert und gehoben mit gedeckten Farben, einem zentralen Kamin und Super-Panoramafenstern. „Rosa" – Lässig und intim mit Wünschelrutenstühlen von Hans J. Wegner. „Ed" – Unverwechselbar und maskulin mit Retro-Leder und einem tiefdunklen Eichenboden. „Madero" – Bohémien für Kunstliebhaber, Farbenthusiasten und kreative Individualisten.

Terrasse mit Bergblick.
Küche und Wohnbereich.

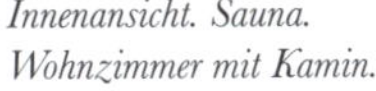

Innenansicht. Sauna.
Wohnzimmer mit Kamin.

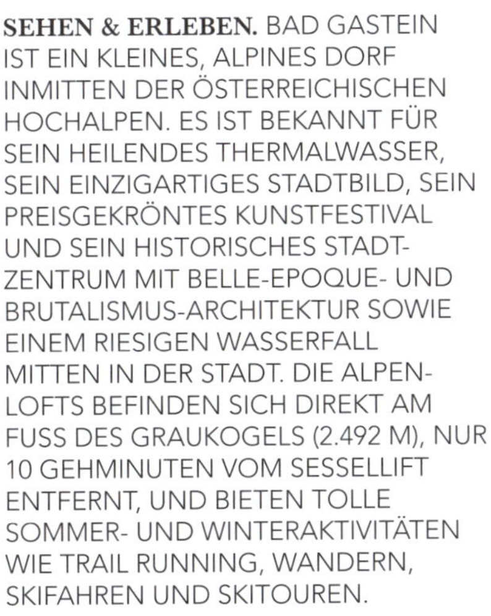

SEHEN & ERLEBEN. BAD GASTEIN IST EIN KLEINES, ALPINES DORF INMITTEN DER ÖSTERREICHISCHEN HOCHALPEN. ES IST BEKANNT FÜR SEIN HEILENDES THERMALWASSER, SEIN EINZIGARTIGES STADTBILD, SEIN PREISGEKRÖNTES KUNSTFESTIVAL UND SEIN HISTORISCHES STADT-ZENTRUM MIT BELLE-EPOQUE- UND BRUTALISMUS-ARCHITEKTUR SOWIE EINEM RIESIGEN WASSERFALL MITTEN IN DER STADT. DIE ALPEN-LOFTS BEFINDEN SICH DIREKT AM FUSS DES GRAUKOGELS (2.492 M), NUR 10 GEHMINUTEN VOM SESSELLIFT ENTFERNT, UND BIETEN TOLLE SOMMER- UND WINTERAKTIVITÄTEN WIE TRAIL RUNNING, WANDERN, SKIFAHREN UND SKITOUREN.

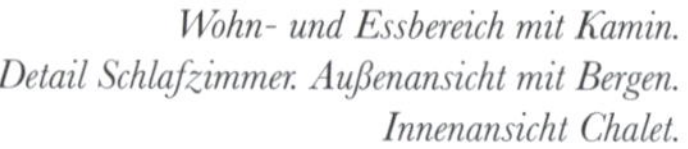

Wohn- und Essbereich mit Kamin. Detail Schlafzimmer. Außenansicht mit Bergen. Innenansicht Chalet.

Sporer Alm Chalet Geigerin

ZILLERTAL, TIROL, ÖSTERREICH

Inmitten des schönen Zillertals liegt hoch oben auf 1.200 Höhenmetern am Rohrberg das kleine, feine Chalet-Dorf. Die Sporer Alm besteht aus vier frei stehenden Luxus-Chalets, welche harmonisch in die umliegende Almlandschaft eingebettet sind. Die idyllischen Chalets sind fast gänzlich aus recyceltem Holz gebaut und verfügen zwischen 130 und 190 Quadratmeter. Die Bretter und Balken erhielten ihr einzigartiges Aussehen durch den jahrzehntelangen Einfluss von Wind, Regen, Sonne sowie Gebrauchsspuren durch Menschenhand. Die Häuser vermitteln viel Wärme, Freiraum, Geborgenheit und Ruhe für ihre Gäste und versprechen einen wunderbaren Aufenthalt. 2020 wurde das Refugium um ein paar Annehmlichkeiten erweitert. Ein Naturpool, Carports und ein Genussraum ergänzen die Sporer Alm ebenso wie ein weiteres, kuscheliges Chalet. Dieses neue Chalet Geigerin bietet auf über 140 Quadratmetern Platz für zwei bis vier Personen – mit viel Freiraum auf einem 1.200 Quadratmeter großen Grundstück. Die Gestaltung der Innenräume ist ein harmonisches Zusammenspiel aus Holz, edlen Stoffen sowie natürlichen Materialien und Elementen aus vergangenen Zeiten, die liebevoll aufbereitet und neu in Szene gesetzt wurden. Im Erdgeschoss verfügt das luxuriös ausgestattete Chalet über einen großzügigen Wohn- und Essbereich mit Kachelofen und Leseecke sowie eine voll ausgestattete Küche mit Weintemperierschrank und Bar. In dem privaten Garten mit Südterrasse kann man in der Sauna und dem Whirlpool entspannen. Im Obergeschoss befindet sich die Galerie, zwei Schlafzimmer und zwei Bäder en Suite. Der Balkon bietet einen herrlichen Weitblick über das gesamte Tal.

INFORMATIONEN. ARCHITEKTURBÜRO> GA-DESIGN GMBH // INNENARCHITEKTUR> LEO WOHNARCHITEKTUR // 2020. CHALET> 140 QM // 4 GÄSTE // 2 SCHLAFZIMMER // 3 BADEZIMMER. ADRESSE> ROHRBERG 107, ZILLERTAL, TIROL, ÖSTERREICH. WWW.SPORER-ALM.COM

SEHEN & ERLEBEN. SKI- UND WANDERGEBIET ZILLERTAL ARENA, FICHTENSCHLOSS, FICHTENSEE, ARENA COASTER SOMMERRODEL-BAHN, E-BIKE-VERLEIH, FREIZEITPARK ZELL AM ZILLER MIT TENNISPLATZ, EISLAUFPLATZ, SPIELPLATZ, FUSSBALL-PLATZ, MINIGOLFPLATZ, SCHWIMM-BAD, VOLLEYBALL-PLATZ, ZILLERTAL-BAHN MIT DER DAMPFLOCK DURCHS ZILLERTAL, ERLEBNISSENNEREI MIT SCHAUBAUERNHOF, KRIMMLER WASSERFÄLLE, KREUZWEG MARIA RAST HAINZENBERG, GOLDBERGWERK MIT GOLDWASCHCAMP UND KLEINER TIERPARK HAINZENBERG, ALPAKA-WANDERUNG DURCH DEN WALD IN STUMM.

Schlafzimmer. Innenansicht
Wohnzimmer. Detail Küche.

Küche mit Essbereich. Detail Möbel.
Badezimmer im Schlafzimmer.

INFORMATIONEN. ARCHITEKTURBÜRO> BERGMEISTERWOLF // 2020. HOTEL> 1.050 QM // 24 GÄSTE // 12 SCHLAFZIMMER MIT BAD. ADRESSE> DORFSTRASSE 73, VAHRN, ITALIEN. WWW.VILLAMAYR.COM

Blick in den Gemeinschaftsbereich. Innenansicht. Außenansicht der Villa Mayr.

Villa Mayr

VAHRN, ITALIEN

Die Villa Mayr erzählt die Geschichte von einem Haus mit einer ereignisreichen Vergangenheit, einer aussichtsreichen Gegenwart und einer verheißungsvollen Zukunft. Villa Mayr steht für ein Zurückbauen zum Ursprung und zugleich ein Weiterbauen. Es ist ein Aufbauen auf die Tradition und ein Weiterentwickeln von Details, die das Haus zu einem liebevoll und gekonnt gestaltetem Boutique-Hotel formen. Im Erdgeschoss entstand durch das Entfernen einer Mauer ein Raumkontinuum von Bar, Foyer und Rezeption, das ins Innere zu wachsen scheint. Historische Bauteile wie die Treppe und die Stube wurden gefühlvoll saniert und inszeniert.

Ein Spiel von Farbe und Materialität schafft eine warme Atmosphäre und gibt den Räumen ihren gestalterisch hochwertigen und wohnlichen Charakter. Es ist die Suche nach einem Gleichgewicht zwischen Bestand und Neubau, die von den Architekten bergmeisterwolf mit Bravour beantwortet wird. Das Erweitern bestehender Strukturen, ein Arbeiten mit Vor- und Rücksprüngen, der Umgang mit der historischen Substanz und die Integration der Holzfassade machen die Villa Mayr zu einem Haus mit Handschrift, in dem die Gäste gerne verweilen.

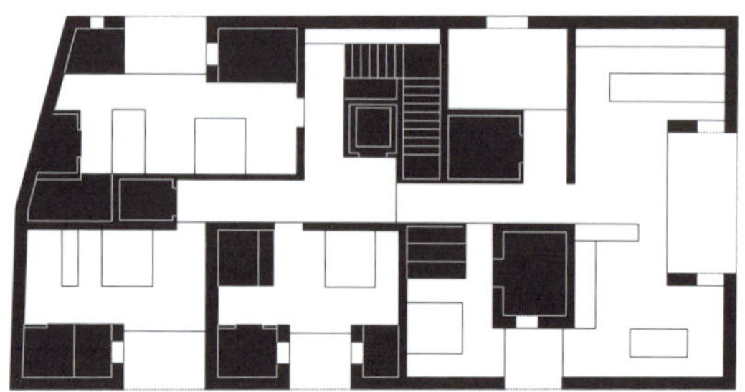

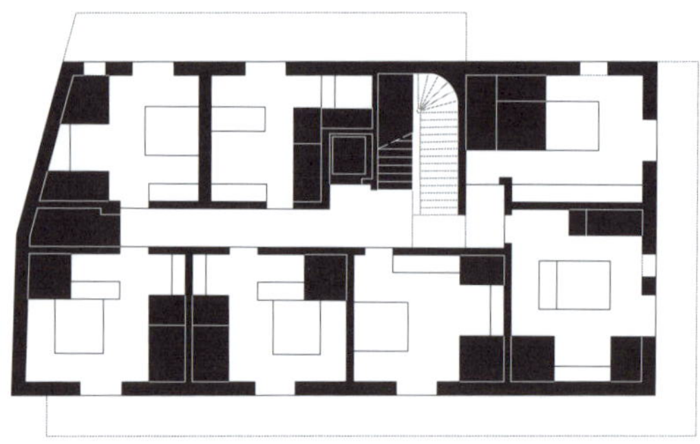

SEHEN & ERLEBEN. WEINREBEN, BLÜHENDE APFELWIESEN UND KASTANIENHAINE ZIEREN DAS LANDSCHAFTSBILD VAHRNS, EIN VORORT DER NUR WENIGE KILOMETER ENTFERNTEN STADT BRIXEN. DAS FREIZEITANGEBOT IST IM SOMMER WIE IM WINTER GROSS UND VIELSEITIG. BERGLANDSCHAFTEN UND TÄLER BIETEN SICH ALS AKTIVE AUSFLUGSZIELE FÜR SPAZIERGÄNGER UND RADFAHRER AN, DAS SKIGEBIET PLOSE IST NUR 20 MINUTEN ENTFERNT. ABER AUCH BRIXEN LOCKT MIT SEINER ALTSTADT UND DEN MALERISCHEN LAUBENGASSEN, DEM DOM UND VIELEN KULTURELLEN ANGEBOTEN.

Hauptansicht vom Garten. Grundrisse. Panoramablick vom langen Balkon.

Blick auf den gemeinsamen Essbereich. Fassadendetail. Blick in den gemeinsamen Freizeitbereich.

INFORMATIONEN. ARCHITEKTURBÜRO> LAKONIS ARCHITEKTEN // 2014. HAUS> 310 QM // 5–8 GÄSTE // 7 SCHLAFZIMMER // 4 BADEZIMMER. ADRESSE> SEESTRASSE 31, TRAUNKIRCHEN, ÖSTERREICH. WWW.TRAUNSEE31.AT

Außenterrasse mit Panoramablick. See 31 mit Schnee. Essbereich. Wohnbereich mit Panoramafenstern.

SEE 31

TRAUNKIRCHEN, ÖSTERREICH

Moderne Architektur zwischen Bergen und Wasser. Im Sommer 2014 entstand im Salzkammergut eine neue Feriendestination der besonderen Art. Zwei Holzhäuser direkt am Traunsee, umgeben von großzügigen Blumenwiesen, Bäumen und Bergen. Die räumliche Anordnung der beiden Holzhäuser nimmt den Bezug zu den charakteristischen Streusiedelungen der Region auf.

Mit 150 Quadratmetern bietet das eine Ferienhaus Platz für sechs bis acht Personen, der zweite Würfel umfasst zwei 80 Quadratmeter große Wohnungen, in denen je bis zu fünf Personen Platz finden. Zentrum jedes Hauses ist der großzügige Wohn-Koch-Ess-Bereich. Zeitgemäßer Komfort und die Reduktion auf wenige, möglichst unbehandelte Materialien sowie ein uneingeschränkter Blick über den See auf den Traunstein waren die wesentlichen Parameter des Entwurfes. Edle Oberflächen aus regionalen Materialien – geöltes Lärchenmassivholz, Filz, Stein, Glas – und eine hochwertige Designausstattung innen und außen bestimmen das Ambiente. Die kompakten Schlafzimmer bilden gemeinsam mit der wohnungseigenen Sauna sowie dem Kamin einen perfekten Ruheort. Die gesamte Anlage liegt an einem idyllischen Badestrand.

Das Haus vom See.
Badezimmer mit Sauna.

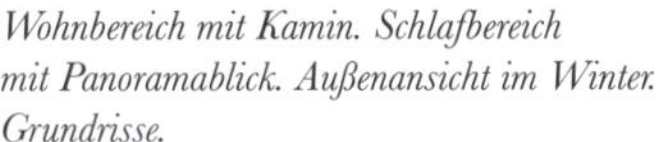

Wohnbereich mit Kamin. Schlafbereich mit Panoramablick. Außenansicht im Winter. Grundrisse.

SEHEN & ERLEBEN. TRAUNKIRCHEN IST EIN MALERISCHER FERIENORT IM SALZKAMMERGUT, WELCHER DURCH DIE EINDRUCKSVOLLE KULISSE DES TRAUNSTEINS GEPRÄGT WIRD. NICHT NUR KULTUR UND LANDSCHAFT SIND EINE REISE WERT, EBENSO KANN MAN DIE MYSTISCHE WELT DER TROPFSTEINHÖHLEN ERKUNDEN. AUCH FÜR DEN WINTERSPORT IST BESTENS GESORGT. DAS SKIGEBIET DES FEUERKOGELS SOWIE DES DACHSTEINS SIND SCHNELL ZU ERREICHEN. DER TRAUNSEE SELBST BIETET ZAHLREICHE MÖGLICHKEITEN FÜR WASSERSPORT- UND BADEBEGEISTERTE. DER GLÖCKLERLAUF IST EINER DER ZAHLREICHEN BRÄUCHE, DENEN MAN IN TRAUNKIRCHEN BEIWOHNEN KANN.

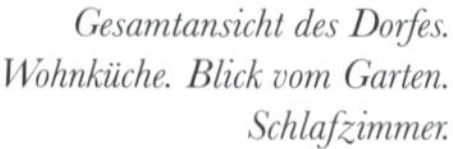

Gesamtansicht des Dorfes. Wohnküche. Blick vom Garten. Schlafzimmer.

Hüs üf der Flüe

ERNEN, SCHWEIZ

Das Hüs üf der Flüe 6 wurde zwischen 1424 und 1454 erbaut und gehört zu den ältesten und besterhaltenen Heidenhäusern im Goms. Das typische Walliser Haus wurde 2016 sorgfältig und behutsam renoviert und eröffnet eine prachtvolle Aussicht über das ganze Tal.

Für Ferien in diesem Baudenkmal stehen zwei 3,5-Zimmer-Wohnungen zur Verfügung, diese können einzeln oder als gesamtes Haus gemietet werden. Zu jeder Wohnung gehört ein eigener Garten. Beide Ferienwohnungen verfügen jeweils über eine große Wohnküche, eine Stube, zwei Schlafzimmer und ein Bad. In der Erdgeschosswohnung befinden sich im Wohnraum ein alter Giltsteinofen von 1576 und ein antikes Buffet von 1822. Die obere Wohnung hat einen eigenen Eingang im Erdgeschoss, von dem eine neue Treppe in den ersten Stock führt. In der Küche findet sich der für die Gommer Heidenhäuser typische Balkenkopfkamin und auch das Heidenkreuz blieb erhalten.

Die Sanierung erfolgte mit viel Liebe und Respekt für die Geschichte des Hauses. Großen Wert legten die Gastgeber auf die sorgsame Auswahl der verwendeten Materialien. So wurden die Küchen und die Esstische sowie die großen Betten aus Altholz angefertigt, das bei der Renovierung übrig geblieben war. Liebhaber historischer Gebäude und Menschen, die den Charakter einer Wohnstatt spüren möchten, werden sich im Hüs üf der Flüe rundum wohlfühlen. Im Winter ist es dank Anschluss an die Fernwärme wohlig warm. Und wer etwas mehr Atmosphäre möchte, kann zusätzlich den Giltsteinofen einfeuern.

INFORMATIONEN. ARCHITEKTURBÜRO> ABGOTTSPON WERLEN ARCHITEKTEN // 2016. HISTORISCHES HEIDENHAUS> 2 WOHNUNGEN À JE CA. 85 QM // 4 GÄSTE JE WOHNUNG // 2 SCHLAFZIMMER PRO WOHNUNG // 1 BADEZIMMER PRO WOHNUNG. ADRESSE> FLÜE 11, ERNEN, SCHWEIZ. WWW.MUNTS-PAVLICEK.CH

SEHEN & ERLEBEN. ERNEN GEHÖRT ZU DEN SCHÖNSTEN DÖRFERN DER SCHWEIZ. DER KLEINE, AN EINEM SONNIGEN HANG AUF 1.200 M.Ü.M. GELEGENE ORT IM OBERWALLIS BEZAUBERT MIT EINER EINMALIGEN KULTURLANDSCHAFT. BEKANNT IST ERNEN AUSSERDEM ALS MUSIKDORF. WANDERN, BIKEN, DIE STILLE GENIESSEN: DAS LÄSST SICH IM BENACHBARTEN LANDSCHAFTSPARK BINNTAL. DER REGIONALE NATURPARK VERFÜGT ÜBER EINE BEEINDRUCKENDE VIELFALT VON NATURSCHÖNHEITEN. FÜR WINTERSPORTLER IST DAS SKIGEBIET DER ALETSCHARENA MIT DEM SPORTBUS GUT ERREICHBAR.

Schlafkammer. Grundrisse.
Frei stehende Badewanne.

Wohnküche und Wohnzimmer.
Detail alte Truhe.
Außenansicht Schindelfassade.

INFORMATIONEN. ARCHITEKTURBÜRO> NATURBAU GSCHWEND // 2021. CHALET> 15.000 QM // 30 GÄSTE // 1–2 SCHLAFZIMMER PRO CHALET// 1–2 BADEZIMMER PRO CHALET. ADRESSE> BACH 69, BACH, ÖSTERREICH. WWW.BENGLERWALD.AT

Benglerwald Berg Chaletdorf

BACH, ÖSTERREICH

Oberhalb des Lechs, auf 1.200 Meter Höhe, umringt von Bergen und Gipfeln, gesegnet mit einer imposanten Aussicht, gilt das Sonnenplateau Benglerwald als einer der schönsten Plätze im Lechtal. In diese einmalige Kulisse schmiegt sich das Benglerwald Berg Chaletdorf – ein paar wenige Hideaways, die den Bergurlaub zur Luxuszeit in Privatsphäre machen. Der kristallklare Bergsee ist der erfrischende Naturbadeplatz an der Sonne. 15.000 Quadratmeter Freiraum, um die Seele baumeln zu lassen, erwarten die Gäste im Benglerwald Berg Chaletdorf. Neun Luxus-Chalets in den Bergen mit Fünf-Sterne-Service, das dürfen Gäste des Benglerwald Berg Chaletdorf erwarten. Chalets mit Fitness-Area, ein Liebes-Chalet für romantische Urlaube in trauter Zweisamkeit, ein komplett eingezäuntes Hunde-Chalet, ein Familien-Chalet und andere höchst komfortable Refugien stehen in der atemberaubenden Bergwelt des Lechtals zur Verfügung. Jedes Chalet bietet ein Spa-Deluxe mit Hot Pot und Sauna, teilweise Wohlfühlwanne und Wellness-Dusche, Fitness- und Yoga-Set. Wenn die Genussmanufaktur zum kulinarischen Event mit Bergbauern-Spezialitäten lädt oder ihre Auswahl an Dry Aged Beef zum Besten gibt, sind Gourmets im siebten Himmel. Vollausgestattete Küchen, eine offene Feuerstelle und ein Kamin/Effektfeuer, Smart Home-Ausstattung und freies WLAN zeugen von der Exklusivität der Chalets in purer Natur.

Chalet vom Garten. Schlafzimmer. Küche. Außenansicht mit Panoramablick.

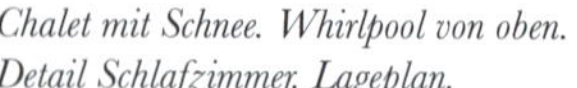

Chalet mit Schnee. Whirlpool von oben. Detail Schlafzimmer. Lageplan.

SEHEN & ERLEBEN. DAS LECHTAL VERZAUBERT VOR ALLEM DURCH SEINE SCHÖNHEIT UND LANDSCHAFTLICHE VIELFALT. ES ERSTRECKT SICH BIS AN DIE GRENZE ZU VORARLBERG UND DEM BEKANNTEN SKIGEBIET WARTH/SCHRÖCKEN AM ARLBERG. SOWOHL IM SOMMER ALS AUCH IM WINTER BIETET DAS LECHTAL EINE VIELZAHL AN UNTERSCHIEDLICHEN AKTIVITÄTEN: IM WINTER LÄDT DAS NAHE GELEGENE SKIGEBIET „JÖCHELSPITZE" ZUM SKIFAHREN EIN. IM SOMMER FINDET MAN IM LECHTAL EINE VIELZAHL WUNDERSCHÖNER WANDER- UND RADWEGE, ZUM BEISPIEL DIE LANDSCHAFTLICHE SCHÖNHEIT ENTLANG DES EUROPÄISCHEN FERNWANDERWEGES, DEM LECHWEG DURCH DIE NATURPARKREGION LECHTAL.

Benglerwald Berg Chaletdorf.
Badewanne mit Panoramablick.

INFORMATIONEN. ARCHITEKTURBÜRO> OFIS ARCHITECTS // 2021. HOTEL> 5.800 QM // 138 GÄSTE // 69 SCHLAFZIMMER // 69 BADEZIMMER. ADRESSE> RIBČEV LAZ 45, BOHINJSKO JEZERO, SLOWENIEN. WWW.HOTELBOHINJ.SI

Innenansicht Gemeinschaftsraum. Blick Essbereich. Außenansicht mit Bergen.

Hotel Bohinj

BOHINJSKO JEZERO, SLOWENIEN

Das im Laufe der letzten Jahre renovierte Hotel Bohinj liegt auf einer Hochebene inmitten des Triglav-Nationalparks. Die neuen Eigentümer veränderten die Struktur des Baukörpers und des Interieurs unter Berücksichtigung nachhaltiger Standards und lokaler Bautradition. Vorhandene Baumaterialien wurden wieder genutzt, hinzu kamen lokales Lärchenholz, kaum Beton und ein modernes, energieeffizientes Versorgungskonzept. Eine Holzstruktur ummantelt das alte Gebäude und schützt es vor Erdbeben. Dreieckige Elemente mit Verzierungen stehen mit den alten Giebeldächern und den Berggipfeln im Dialog. Das Hotel mit 69 unterschiedlich großen Zimmern mit Panoramafenster und Balkon verfügt über eine zweigeschossige Eingangshalle, ein Restaurant, ein Retro-Bistro mit traditionellem Terrakotta-Ofen, einen kleinen Kongresssaal und einen Klub mit Weinhandlung. Strukturell erinnern die Flure an typische Bohinjer Heuschober. Muster und Materialien, Wandverkleidungen und Möbel aus lokalem Lärchenholz sowie Decken greifen dezent vom Verschwinden bedrohte volkstümliche Stilelemente auf. Ein Großteil des Interieurs wurde eigens für das Hotel entworfen wie zum Beispiel Stühle aus recycelten Plastikflaschen. Die Böden der Gemeinschaftsräume sind in Hellgrau gestaltet und nehmen die Farbe der umliegenden Felsen auf, während der Weg zum Eingang aus schwarzem slowenischem Stein visuell hervortritt. Das Hotel verfügt über einen Wellnessbereich mit beheiztem Außenpool; ein Raum mit großem Kamin bietet Platz für Veranstaltungen. Damit Gäste den Abendhimmel in voller Pracht genießen können, ist die Anlage kaum beleuchtet.

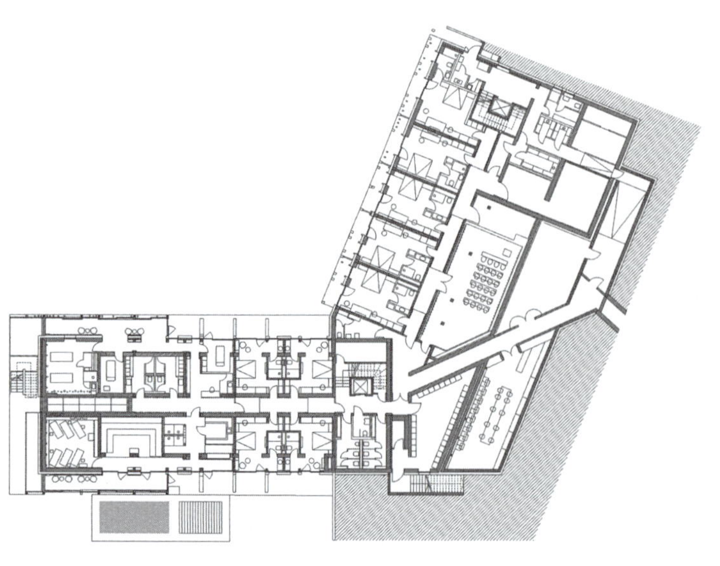

SEHEN & ERLEBEN. DER BOHINJER SEE, EINES DER SAUBERSTEN GEWÄSSER DES LANDES, LIEGT IN UNMITTELBARER NÄHE UND LÄDT ZUM SCHWIMMEN EIN. BERGE UND DIE KIRCHE VON JANEZ KRSTNIK SIND EBENFALLS NICHT WEIT ENTFERNT, EBENSO WIE KLEINE, IDYLLISCHE DÖRFER MIT IHREN TRADITIONELLEN BOHINJER HEUSCHOBERN. BLUMENLIEBHABER KÖNNEN DIE ÜBER DIE TÄLER UND BERGE VERTEILTEN BOTANISCHEN GÄRTEN BESUCHEN.

Hotel Bohinj von außen.
Grundriss. Innenansicht.

Balkon mit Panoramablick.
Detail Badezimmer.
Innenansicht Schlafzimmer.

INFORMATIONEN. ARCHITEKTURBÜRO> BIRGIT DOSSER (CHALET), HANNES NIEDERSTÄTTER (BAURECHTLICHE BERATUNG CHALET), MANUEL BENEDIKTER (NATURRESIDENCE), BIRGIT DOSSER (INNENRAUMGESTALTUNG UND GARTEN NATURRESIDENCE) // 2010 NATURRESIDENCE UND 2014 CHALET. FERIENWOHNUNGEN UND CHALET> 40–60 QM UND 95 QM // 12 UND 4 GÄSTE // 5 FERIENWOHNUNGEN UND ZWEI EINHEITEN IM CHALET. ADRESSE> PICHLERSTRASSE 26, SCHENNA, SÜDTIROL, ITALIEN. WWW.DAHOAM.IT

Naturresidence mit Schwimmbad. Außenansicht Chalet. Wohnbereich Chalet.

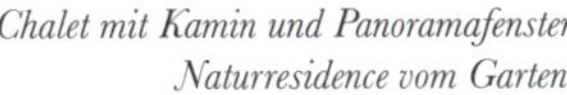

Chalet mit Kamin und Panoramafenster.
Naturresidence vom Garten.

Dahoam Naturresidence und Dahoam Chalet

SÜDTIROL, ITALIEN

Zwei Dinge fallen sofort auf, wenn man an der Naturresidence Dahoam ankommt: die außergewöhnliche Aussicht auf das Tal von Meran und die moderne Architektur des Gebäudes. Das Haus liegt in schöner Hanglage oberhalb des Dorfes Schenna und ist in südwestlicher Richtung ausgerichtet. Das bringt nicht nur viel Sonnenlicht auf die großzügigen Balkone und erfreut damit die Gäste, es ist auch ein wichtiger Bestandteil des nachhaltigen, energetischen und ökologischen Konzeptes, das hier in Passivbauweise umgesetzt wurde. Neben der aktiven und passiven Nutzung von Solarenergie und der Verwendung regionaler Hölzer wird auch Regenwasser gesammelt und genutzt.

Für die Gäste stehen fünf Ferienwohnungen zur Verfügung. Alle Wohnungen verfügen über eine moderne Einrichtung, haben große Fensteröffnungen, die den Blick auf die umliegenden Berggipfel freigeben, und bieten Zugang zum Garten mit dem naturnahen Schwimmteich und zur finnischen Außensauna.

Gar nicht weit entfernt und ebenfalls in sonniger Aussichtslage öffnet sich das Dahoam Chalet. Das Gebäude aus unbehandelter heimischer Lärche ist eine moderne Interpretation der ortstypischen Stadel. Es wurde in energieeffizienter und nachhaltiger Bauweise auf dem Kellergeschoss eines Hauses aus den 60er-Jahren neu errichtet. Die Wohnungen sind von dem Panoramablick auf Meran, den natürlichen Materialien sowie von dem harmonischen Farbkonzept geprägt. Ausgestattet mit Kaminofen und finnischer Sauna sind sie wahre Wohlfühloasen für jeweils zwei Personen.

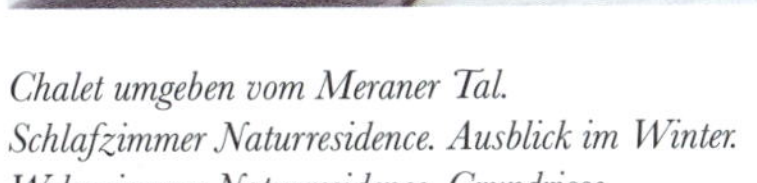

Chalet umgeben vom Meraner Tal.
Schlafzimmer Naturresidence. Ausblick im Winter.
Wohnzimmer Naturresidence. Grundrisse.

SEHEN & ERLEBEN. WAALWEG-SPAZIERGÄNGE, HÖHENWANDERUNGEN IN SCHENNAS BELIEBTEN WANDERGEBIETEN, RADTOUREN, WINTERURLAUB. DIE NÖRDLICHSTE PROVINZ ITALIENS PUNKTET MIT VIELEN REIZEN: INNOVATIVE ARCHITEKTUR IM DIALOG MIT TRADITIONEN UND LANDSCHAFT, DIE VIELFÄLTIGE NATUR VON ALPINEN BERGZÜGEN BIS MEDITERRANEN WEINLANDSCHAFTEN UND DIE DURCH ÖSTERREICH UND ITALIEN GEPRÄGTE KÜCHE MACHEN DIE REGION ZU EINEM PERFEKTEN REISEZIEL FÜR ARCHITEKTURLIEBHABER, WANDERER UND FEINSCHMECKER.

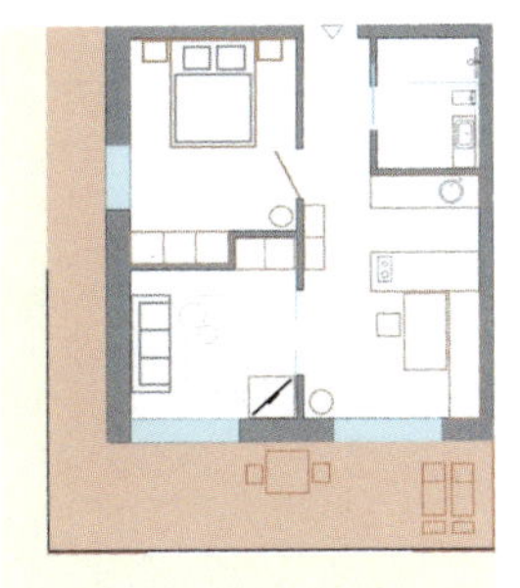

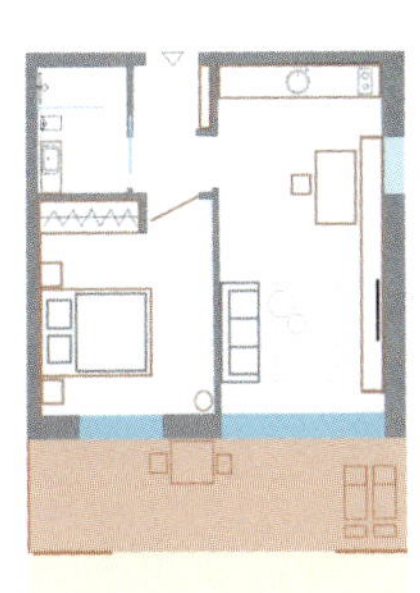

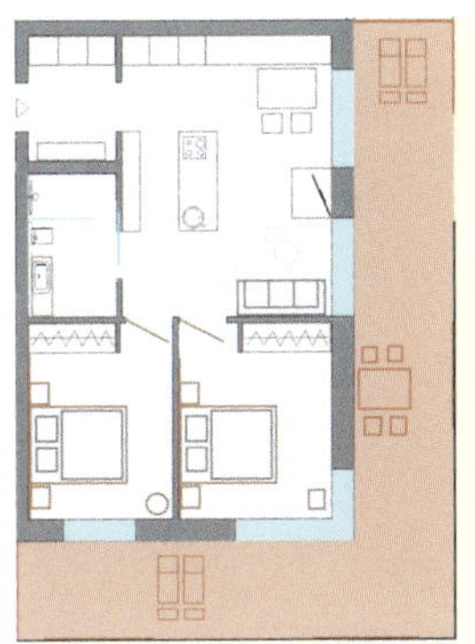

INFORMATIONEN. ARCHITEKTURBÜRO> NOA* NETWORK OF ARCHITECTURE // 2018. HOTEL> 2.000 QM // 50 GÄSTE // 25 SCHLAFZIMMER // 25 BADEZIMMER. ADRESSE> DORF 15, OBERBOZEN, RITTEN, ITALIEN. WWW.GLORIETTE-GUESTHOUSE.COM

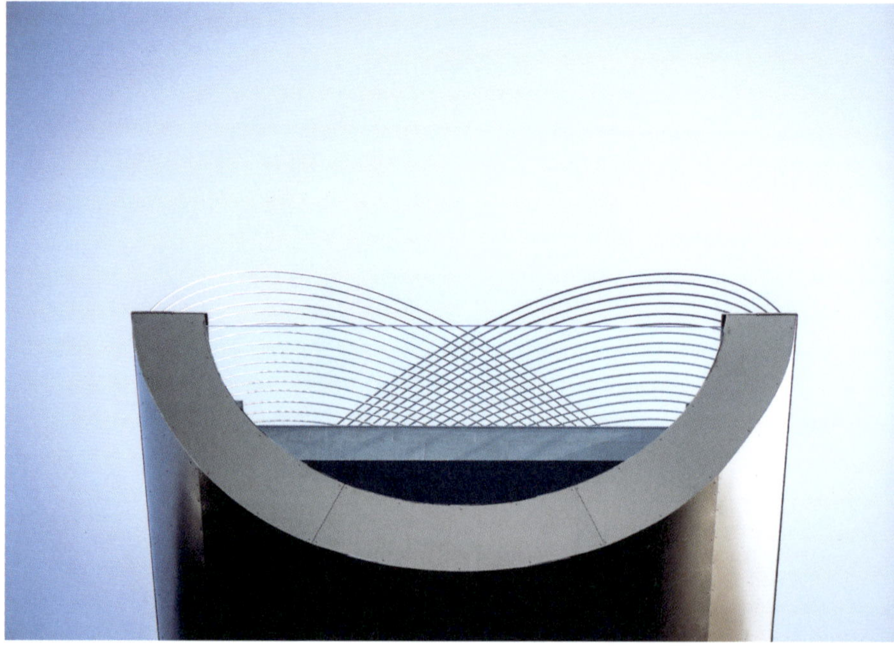

Außenansicht. Innenansicht Rooftop Spa. Infinity-Pool von unten.

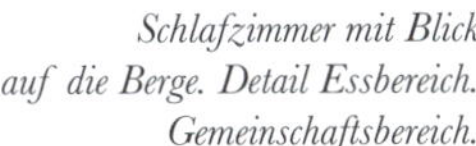

Schlafzimmer mit Blick auf die Berge. Detail Essbereich. Gemeinschaftsbereich.

Gloriette Guesthouse

RITTEN, ITALIEN

Das Gloriette Guesthouse knüpft an die Tradition der Sommerfrische am Ritten an und ist ein Ort, an dem das Leben stilecht zelebriert wird – in entspannter Atmosphäre fühlen sich hier nicht nur Kosmopoliten, Genussmenschen und Bergliebhaber wohl. Inspiriert von der architektonischen Typologie im zeitlos-eleganten Jugendstil, trifft hier Tradition auf Moderne. Im Sommer 2019 ist ein Haus mit Herz und nostalgischen Vibes entstanden. Was sich hinter der Fassade mit Rundbögen verbirgt, wird bereits außen in unverwechselbarer Weise ablesbar. Das sicherlich größte Highlight ist das in das Walmdach integrierte Rooftop Spa. Hier befinden sich Sauna und Dampfbad mit bodentiefen Panoramafenstern, ausladende Ruhezonen wie auch ein paar introvertierte Terrassen für den genussvollen Aufenthalt an der frischen Luft. Absoluter Eyecatcher ist jedoch der Infinity Relax Pool – jener ausladende bronzefarbene Zylinder, der die Südseite des Walmdaches durchdringt. Hier wird der Bogen auf den Kopf gestellt und in das Innere des Daches geführt. Von innen gelangt man in das Zentrum des zylinderförmigen Pools. Eine Schiebetür öffnet sich, man steigt hinab in die Wasserfläche, schwebt im wohltemperierten Wasser Richtung Horizont. Der ästhetische Anspruch, den die Hausherren in ihrem charmanten Guesthouse verwirklicht haben, zieht sich von hier oben konsequent durch das gesamte Haus. Dabei ist es viel mehr als nur der erstklassige Komfort, was die 25 Suiten aber auch die Lounge Bar und das Ristorantino so besonders macht. Es sind die kleinen Aufmerksamkeiten, maßgeschneiderte Accessoires und ein Hauch von Luxus, die pure Erholung versprechen.

Hauptansicht des Gloriette Guesthouse.
Panoramablick vom Infinity-Pool.

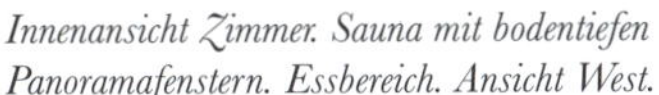

Innenansicht Zimmer. Sauna mit bodentiefen Panoramafenstern. Essbereich. Ansicht West.

SEHEN & ERLEBEN. AM RITTEN HERRSCHT EIN ANDERER RHYTHMUS, EINE ANDERE WAHRNEHMUNG VON ZEIT UND NATUR. DER MONS RITANUS ENTZÜCKT MIT SEINER UNBERÜHRTEN LANDSCHAFT, ZAHLREICHEN WANDERWEGEN, MTB-TRAILS UND VIELEN AUSFLUGSZIELEN. BESONDERS FASZINIEREND IST DAS 360-GRAD-PANORAMA, DAS SICH VON DER SAGENHAFTEN GIPFELKULISSE DER DOLOMITEN ÜBER BOZEN UND DIE PITTORESKEN WEINBERGE BIS HIN ZUM MÄCHTIGEN ORTLER-MASSIV ZIEHT. WER ABER DOCH EIN WENIG ABWECHSLUNG SUCHT UND SICH BEI SHOPPING UND APERITIVO EINE KURZE AUSZEIT VON DER AUSZEIT GÖNNEN MÖCHTE, DER IST MIT DER SEILBAHN IN NUR 12 MINUTEN MITTENDRIN IM QUIRLIGEN BOZNER STADTLEBEN.

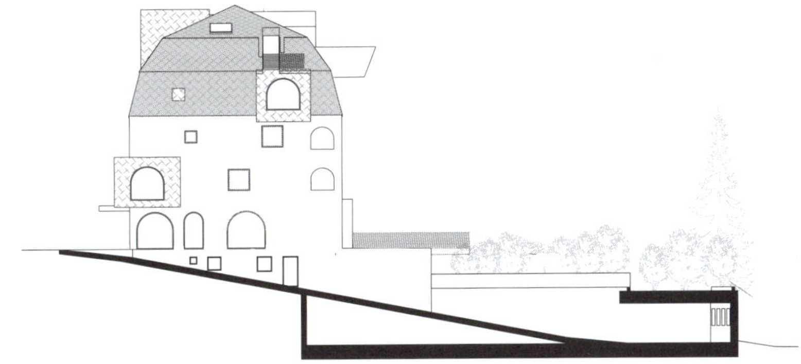

INFORMATIONEN. ARCHITEKTURBÜRO> JÜRGEN HAGSPIEL // HUS9 2011 UND LOFT7 2016. WOHNUNGEN> 58 UND 172 QM // 10 GÄSTE // 5 SCHLAFZIMMER // 4 BADEZIMMER. ADRESSE> JÖRIHALDE 9, MITTELBERG, KLEINWALSERTAL, ÖSTERREICH. WWW.ALPEN-RAUM.AT

Innenansicht. Detail Schlafzimmer. Hauptansicht.

Alpen-Raum Loft7 und Hus9

MITTELBERG, KLEINWALSERTAL, ÖSTERREICH

Qualität im Einklang mit der Natur auf hohem Niveau – das waren die Ziele beim Umbau und der Generalsanierung des Loft7 und auch für den Neubau im Hus9. Im Vordergrund stand bei beiden Projekten stets die Wertschätzung des Einfachen, die Reduktion auf das Wesentliche und der Verzicht auf überflüssigen Alpenkitsch.

Modern und trotzdem bodenständig mit heimischen Hölzern, ehrlichen Werk- und Baustoffen aus der Region ohne belastende Zusätze wie Lacke, Weichmacher und Farbstoffe. Dank umweltfreundlicher Tiefenbohrung, Warmwassergewinnung mit Fotovoltaik, mit Brennholz aus dem eigenen Wald für gemütliche Stunden vor dem Kamin, wurde hier ein nachhaltiges Projekt mit eigenem Beitrag zum Klimaschutz und toller Ökobilanz umgesetzt. Im Inneren sorgen natürliche Materialien, warme Farben und durchdachte Details für eine wohnliche Atmosphäre und laden zum Verweilen ein. Die Gäste werden familiär betreut und gerne von den Gastgebern zu Themen wie Ausflugszielen, Bergtouren, Schlechtwetterprogramm, Vermittlung von Guides, Skischule, Bergschule und vielen weiteren fachkundig beraten.

SEHEN & ERLEBEN. INS KLEINWALSERTAL GIBT ES TATSÄCHLICH NUR EINEN WEG – ÜBER DIE WALSERSCHANZ. GLEICHZEITIG IST KEIN ANDERES ÖSTERREICHISCHES HOCHGEBIRGSTAL VON DEUTSCHLAND AUS SO GUT ERREICHBAR. EGAL ZU WELCHER JAHRESZEIT – ES LOHNT SICH, DIESEN GEHEIMTIPP INKLUSIVE SKI IN, SKI OUT ZU ERKUNDEN: IM SOMMER HEISST ES FÜR BERGFREUNDE „GRENZENLOS WANDERN" ZWISCHEN DEUTSCHLAND UND ÖSTERREICH. NATURWUNDER WIE DAS GOTTESACKERPLATEAU, DIE NATURBRÜCKE ODER DIE BREITACHKLAMM ENTFALTEN DANN IHRE GANZE SCHÖNHEIT.

Blick vom Garten. Küche mit Essecke. Schlafbereich.

Detail Schlafzimmer. Innenansicht Küche. Außenansicht.

INFORMATIONEN. ARCHITEKTURBÜRO> ARCHITEKTEN GEMEINSCHAFT 4 AG, AARAU UND LUZERN // 2015. PENSION> 371 QM // 15 GÄSTE // 7 SCHLAFZIMMER // 7 BADEZIMMER. ADRESSE> MATHON, GRAUBÜNDEN, SCHWEIZ. WWW.LARESCH.CH

Gemeinsamer Essbereich. Schlafzimmer. Ansicht vom Garten.

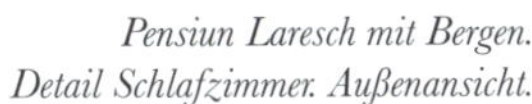

Pensiun Laresch mit Bergen.
Detail Schlafzimmer. Außenansicht.

Pensiun Laresch

MATHON, SCHWEIZ

Das Dorf Mathon liegt mitten im Naturpark Beverin mit seiner wilden, einzigartigen Landschaft. Eine Lage, die an die Architektur ganz besondere Ansprüche stellt. Zum Ruf nach gefühlvollem Umgang mit der Umgebung gesellte sich die Aufgabe, ein funktionales Haus mit hohen gestalterischen Anforderungen zu entwickeln.

Ein „Gasthaus", das in allen Details ein „Haus für Gäste" sein soll. Im Inneren dominieren natürliche und warme Materialien wie Holz und Lehm, die für eine wohlige Atmosphäre sorgen. Das Gebäude ist so ausgerichtet, dass jedes Zimmer fantastische Ausblicke auf die Alpen garantiert. Die Fensteröffnungen der Fassade sind streng geometrisch gesetzt, die unterschiedliche und markante Rahmung erzeugt ein modernes und gut proportioniertes Fassadenbild, das mit den weichen Linien der Umgebung spielt. Das einen halben Meter starke Mauerwerk kommt ohne zusätzliche Dämmung aus und sorgt zusammen mit den regionalen, präzise gesetzten Materialien für eine nachhaltige Bauweise und ein angenehmes Raumklima. Die Pensiun Laresch verfügt über sieben Zimmer und ein Tiny House. Auch dank der Herzlichkeit der Gastgeber ist hier ein wunderbarer Ort zum Auftanken und Genießen entstanden.

Ensemble vom Garten. Innenansicht Zimmer. Detail Wohnbereich. Grundrisse.

SEHEN & ERLEBEN. IM WINTER KANN MAN GLITZERNDE SCHNEEKRISTALLE, SONNENSCHEIN UND EINEN WOLKENLOSEN HIMMEL GENIESSEN, WER AKTIV SEIN MÖCHTE FINDET AM HAUSBERG PIZ BEVERIN UND IN DER UMGEBUNG VIELE VERSCHIEDENE ABFAHRTSVARIANTEN UND SCHLITTELWEGE. EIN TEIL DAVON IST NACHTS BELEUCHTET. IN DER ROMANTISCHEN WALDLICHTUNG AM SCHLITTELWEG DROS-MATHON/LOHN BEFINDET SICH DAS TIPI-ZELT, WO GETRÄNKE UND GRILLSPEZIALITÄTEN VERZEHRT WERDEN KÖNNEN. GANZJÄHRIG STEHEN WANDERUNGEN, KLETTERGÄRTEN UND KULTURELLE AUSFLÜGE IM ANGEBOT. FÜR ENTSPANNUNG UND WELLNESS STEHT DAS HEILBAD ANDEER ZUR VERFÜGUNG.

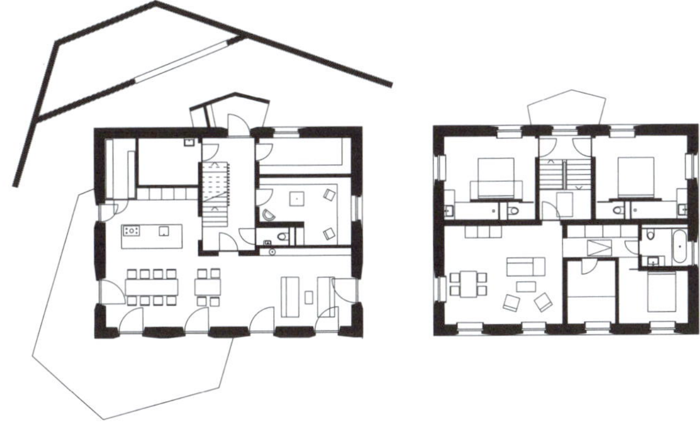

INFORMATIONEN. ARCHITEKTURBÜRO> BERGMEISTERWOLF UND ARMIN SADER // 2017. CHALET> 280 QM // 13 GÄSTE // 6 SCHLAFZIMMER // 6 BADEZIMMER. ADRESSE> PALMSCHOSS 292, BRIXEN, ITALIEN. WWW.ODLES-LODGE.COM

Innenansicht Suite.
Zimmer mit Terrasse.

Außenansicht Odles Lodge.
Innenansicht. Detail Gründach.

Odles Lodge

BRIXEN, ITALIEN

Vier Ferien-Suiten, verbunden mit ihrem Sockel (Garage), drehen sich um einen gemeinsamen Innenhof. Dabei verschmilzt das Haus mit den lokalen Gegebenheiten und wird mit der Landschaft und dem Ort eins. In Anlehnung an die Häuser der Nachbarschaft wurden traditionelle Materialien wie Holz und Stein gewählt: naturbelassener Stein für den Sockelbereich und geviertelte Baumstämme für die Fassade. Das in den Hang gesetzte Haus folgt der Topografie und bricht dort, wo es auf die Geländekante trifft. Ein Herauswachsen aus und Verwachsen mit der Landschaft, eine Drehung.

Durch die Positionierung des Gebäudes entsteht im hinteren Bereich eine besondere Hofsituation, eine Aussicht Richtung Lichtung, ein Ruhebereich in der Natur. Der in Holz ausgeführte obere Teil ruht auf dem Sockel aus Stein und richtet sich in Höhe und Bewegung nach der umgebenden Dachlandschaft. Gut gesetzte Fassadenöffnungen geben weite Blicke in die Landschaft frei. Es entsteht eine Bewegung, eine Dynamik, in die die Umgebung einbezogen wird, ohne die Nachbarhäuser in ihrer Wahrnehmung und ihren Ausblicken einzuschränken.

Schlafzimmer mit Panoramafenster. Terrasse.

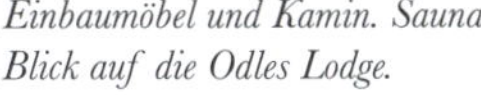

Einbaumöbel und Kamin. Sauna.
Blick auf die Odles Lodge.

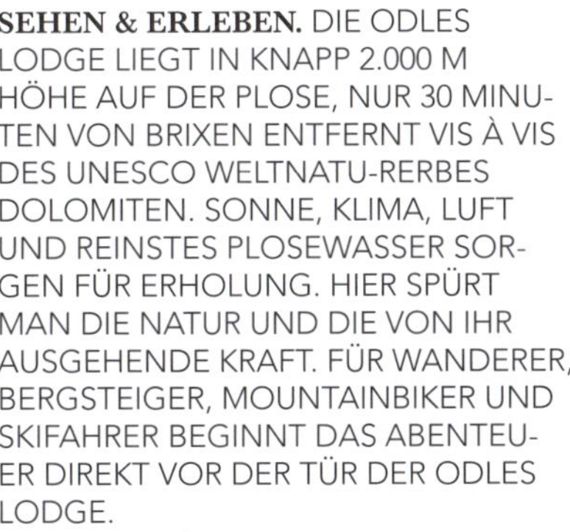

SEHEN & ERLEBEN. DIE ODLES LODGE LIEGT IN KNAPP 2.000 M HÖHE AUF DER PLOSE, NUR 30 MINUTEN VON BRIXEN ENTFERNT VIS À VIS DES UNESCO WELTNATU-RERBES DOLOMITEN. SONNE, KLIMA, LUFT UND REINSTES PLOSEWASSER SORGEN FÜR ERHOLUNG. HIER SPÜRT MAN DIE NATUR UND DIE VON IHR AUSGEHENDE KRAFT. FÜR WANDERER, BERGSTEIGER, MOUNTAINBIKER UND SKIFAHRER BEGINNT DAS ABENTEUER DIREKT VOR DER TÜR DER ODLES LODGE.

INFORMATIONEN. ARCHITEKTUR BÜRO> FEUERSINGER ARCHITEKTUR // 2015. HAUS> 230 QM // 10 + 2 GÄSTE // 5 SCHLAFZIMMER // 4 BADEZIMMER + 1 DUSCHE IN DER SAUNA. ADRESSE> SENNINGERFELD 8, BRAMBERG A. WILDKOGEL, ÖSTERREICH. WWW.AUFDALEITN8.AT

Auf da Leitn 8

BRAMBERG A. WILDKOGEL, ÖSTERREICH

Auf da Leitn 8 liegt im Herzen der Hohen Tauern direkt an einer Skipiste inmitten eines autofreien Weilers auf 819 m Seehöhe. Rauriser Naturstein an den Fassaden, Lärchenholzschindeln auf dem Dach und Innenräume mit Eichenholz ausgekleidet, interpretieren den Geist der Pinzgauer Berghütte neu und unaufgeregt. Durch das geradlinige Design wirkt das Ambiente modern und fernab von Hüttenromantik. Die einzigen Schnörkel finden sich an den Stühlen. Diese wurden nach alten, überlieferten Schablonen handgetischlert und geben dem Interieur die richtige Dosis Lokalkolorit. Man soll ja nicht vergessen, wo man sich befindet! Je nach Lichteinfall schimmert das Holz in neuen Tönen, macht die Räume lebendig und leicht. Die Cortenstahlverkleidungen auf den Terrassen und im Eingangsbereich sind den Jahreszeiten ausgesetzt und entwickeln ein farbliches Eigenleben. Bis zu zwölf Personen finden 230 Quadratmeter Wohnfläche über drei Etagen. Bei kühlem Wetter lockt im ersten Stock die Sauna mit Ruhezone, der gemütliche Wohnbereich mit angrenzender offener Küche und einem großen, massiven Eichenholztisch. Gleich nebenan verbreitet das Knistern des Holzes im Kamin wohlige Wärme. Raumhoch verglaste Fensterfronten bringen die Natur nahe – ob es der Schneesturm ist, der ums Haus pfeift, der Sonnenschein, der die Steinfassade wärmt, oder der Regen, der das Haus in sattes Grün hüllt. Die beiden Terrassen ermöglichen beeindruckende Aussichten auf das Bergpanorama.

Küchenbereich. Auf da Leitn 8 im Winter. Terrasse. Wohnbereich mit Panoramafenster.

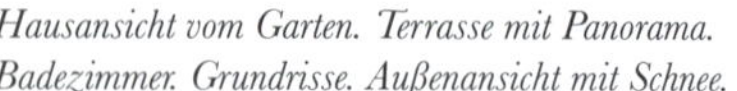

Hausansicht vom Garten. Terrasse mit Panorama. Badezimmer. Grundrisse. Außenansicht mit Schnee.

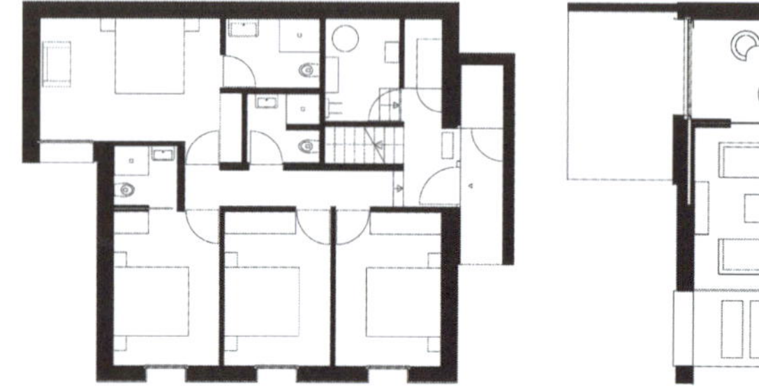

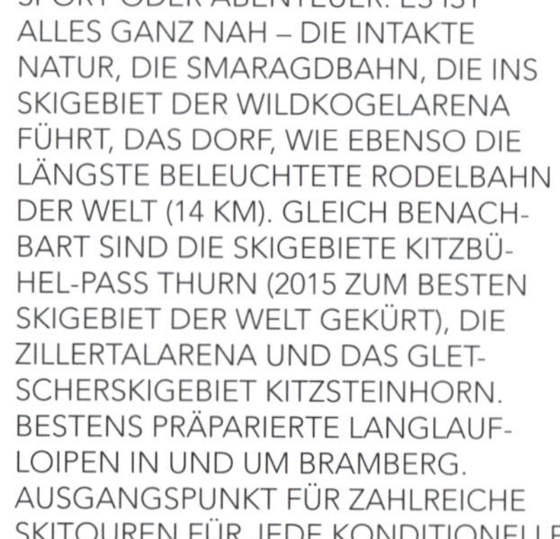

SEHEN & ERLEBEN. ERHOLUNG, SPORT ODER ABENTEUER. ES IST ALLES GANZ NAH – DIE INTAKTE NATUR, DIE SMARAGDBAHN, DIE INS SKIGEBIET DER WILDKOGELARENA FÜHRT, DAS DORF, WIE EBENSO DIE LÄNGSTE BELEUCHTETE RODELBAHN DER WELT (14 KM). GLEICH BENACHBART SIND DIE SKIGEBIETE KITZBÜHEL-PASS THURN (2015 ZUM BESTEN SKIGEBIET DER WELT GEKÜRT), DIE ZILLERTALARENA UND DAS GLETSCHERSKIGEBIET KITZSTEINHORN. BESTENS PRÄPARIERTE LANGLAUFLOIPEN IN UND UM BRAMBERG. AUSGANGSPUNKT FÜR ZAHLREICHE SKITOUREN FÜR JEDE KONDITIONELLE VERFASSUNG.

INFORMATIONEN. ARCHITEKTURBÜRO> MARTIN GRUBER // 2019. HAUS> 65 QM // 4 GÄSTE // 1 SCHLAFZIMMER // 1 BADEZIMMER. ADRESSE> VERDINGS PARDELL 52, KLAUSEN, ITALIEN. HTTPS://FREIFORM.IT

Raumhohe Verglasung. Blick auf das begrünte Dach von oben.

Schlafbereich mit Blick auf die Berge. Das Freiform Guesthouse von oben. Blick auf die Terrasse.

Freiform Private Guesthouse

KLAUSEN, ITALIEN

Inmitten eines phantastischen Landschaftsraumes im Südtiroler Eisacktal liegt eingebettet in die Topografie ein gläserner Solitär. Wie eine begehbare Skulptur schmiegt sich das Bauwerk an seinen Bauplatz und offenbart erst beim Nähertreten das räumliche Gefüge, das die minimalistischen Funktionen eines Gästehauses erfüllt. Die Geometrie entspringt aus dem Gestaltungswillen, ein Statement zum sensiblen Umgang mit Landschaft abzugeben. So wurde der Bauernhof nach der Übergabe in einen Biobauernhof umgewandelt und anstelle der vier möglichen Ferienhäuser ein einziges, privateres Gästehaus errichtet.

Erst kurz vor dem Eingang zeigt sich der geschützte Raum, wird unter dem begrünten Dach der gläserne Körper sichtbar. Die Fassade erhält ihren Sicht- und Sonnenschutz von einem mobilen Außenvorhang. Die Ambivalenz des Raumes wird von zusätzlich gepflanzten Obstbäumen weiter gesteigert. Die Außengestaltung gibt dem Gebäude Halt und rechtfertigt die Geometrie von Boden und Decke als Reaktion auf die unmittelbare Natur. Der Innenraum besteht aus frei stehenden Möbeln, sie zonieren die ineinanderfließenden Raumbereiche. Die 65 Quadratmeter große Freiform wurde mit hochwertigen Materialien wie Eiche und Loden eingerichtet, die in ihrer warmen Haptik einen perfekten Ausgleich zu der harten Schale aus Beton und Glas schaffen. Die Freiform ist von befreundeten Unternehmen handwerklich meisterhaft umgesetzt, erzeugt mittels der bauplastischen Gestaltung eine bestimmte Anziehung und ist auch vielleicht deshalb Monate im Voraus ausgebucht.

Ansicht von außen.
Gläserne Außenhülle.

Innenansicht Badezimmer. Das Gästehaus mitten im Grünen. Grundriss.

SEHEN & ERLEBEN. IN DIESER UMGEBUNG HAT MAN DIE CHANCE, OFFLINE ZU GEHEN UND SICH GANZ AUF DIE UMLIEGENDE NATUR ZU FOKUSSIEREN. EINE ÜBERDACHTE TERRASSE UND ZWEI LIEGESTÜHLE UNTER ALTEN OBSTBÄUMEN LADEN ZUM TAGTRÄUMEN EIN. WER SELBST AKTIV SEIN WILL, WANDERT ZUM LATZFONSER KREUZ ODER MACHT EINE MTB-TOUR AUF EINEM DER ZAHLREICHEN ALMTRAILS. IM HERBST LADEN BUSCHENSCHÄNKEN ZUM TRADITIONELLEN TÖRGGELEN MIT NEUEM WEIN, GERÖSTETEN KASTANIEN UND KULINARISCHEN SPEZIALITÄTEN EIN. IM WINTER GENIESSEN SKITOURENGEHER EINE SONNSEITIGE ROUTE AUF DEN KÖNIGSANGER MIT EINZIGARTIGEM DOLOMITENBLICK.

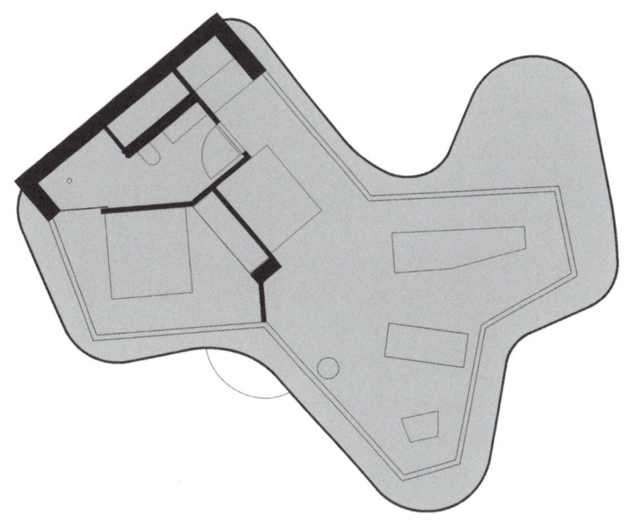

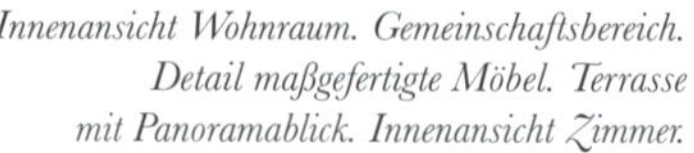

Innenansicht Wohnraum. Gemeinschaftsbereich. Detail maßgefertigte Möbel. Terrasse mit Panoramablick. Innenansicht Zimmer.

Miramonti Boutique Hotel

BOZEN, ITALIEN

In nur 20 Minuten Autofahrt vom Meraner Stadtgetümmel erreicht man das auf den ersten Blick wie ein Fels am Berghang thronende Boutique Hotel Miramonti. Die dunkle Hülle vermittelt auf Anhieb Intimität und lässt die klar gesetzten Einschnitte der Terrassen wie Stollen wirken, die in die Tiefe führen. Im Gebäude eröffnet sich sogleich der Weitblick, den die Position am Felsen bietet. In der Halle und im Speisesaal ist nichts als Glas mehr zwischen dem Gast und dem Horizont und die Wetterlage im Freien hat direkten Einfluss auf die Stimmung im Raum. Auch auf der großen Terrasse gibt es kein Hindernis für das Auge und am äußeren Rand bietet lediglich ein Infinity Pool schwindelfreien Gästen letzten Einhalt. In den Zimmern entstanden Räume durch eine klare Gestaltung und sensible Auswahl von Material und Form.

Durch das warme, helle Holz dominiert im Owner's House Leichtigkeit und wohliges Wohngefühl. Wenig raumtrennende Elemente und das Spiel mit kleinen Niveausprüngen betonen die unterschiedlichen Zonen. Die großzügigen Terrassen mit raumgroßen Panoramafenstern bieten Ausblicke auf grünen Wald und die Bergspitzen der weitläufigen Umgebung. Im dritten Obergeschoss finden sich die „design lofts", die in einem satten Blau gehalten sind. Unter einer vielfaltigen Dachschräge angeordnet, erweitern sie das Raumgefühl in allen Dimensionen. In Kombination mit dem warmen roten Ton des Kirschholzes und dem meditativen Ausblick in den kleinen Dachgarten, aus dem ein Kirschbäumchen wächst, ergibt sich eine einzigartige Atmosphäre für Sterngucker und Wolkenzähler.

INFORMATIONEN. ARCHITEKTURBÜRO> TARA ARCHITEKTEN – HEIKE POHL UND ANDREAS ZANIER // 2021. HOTEL> 5.200 QM // 88 GÄSTE // 44 SCHLAFZIMMER // 44 BADEZIMMER. ADRESSE> ST. KATHREINSTRASSE 14, HAFLING, BOZEN, ITALIEN. WWW.HOTEL-MIRAMONTI.COM

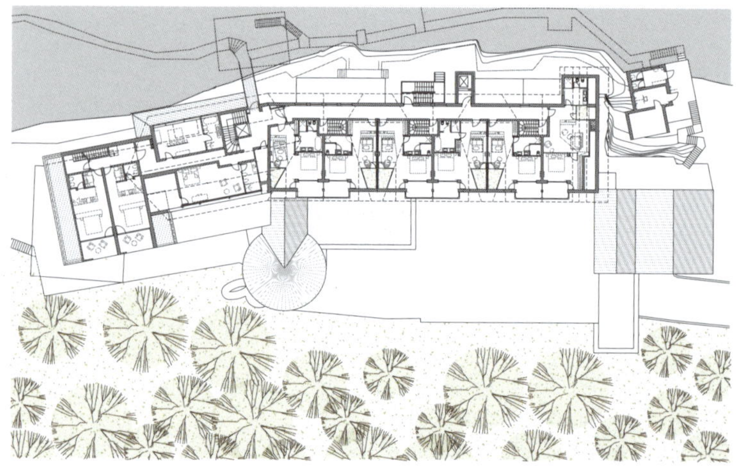

SEHEN & ERLEBEN. MERAN. STADT AN DER PASSER. STADT DER KULTUR, IHRE VERSTECKTEN PLÄTZE UND BOUTIQUEN, IHRE MÄRKTE UND RESTAURANTS. ALS WELTKULTURORT UND KONGRESSSTADT IST DAS TOURISTISCHE ANGEBOT BESONDERS VIELSEITIG: DIE NEUE THERME MERAN, DIE GÄRTEN VON SCHLOSS TRAUTTMANSDORFF, DAS ÖTZI-MUSEUM, DER LABYRINTHGARTEN, DIE WEINVERKOSTUNGEN UND PFERDERENNEN SIND ERLEBNIS-EINLADUNGEN AN DIE GÄSTE. EIN SPRUNG INS KÜHLE NASS IN EINEM BERGSEE, BADESEE ODER GARDASEE. DREI BEEINDRUCKENDE WASSERFÄLLE IN DER NÄHEREN UMGEBUNG. DAS WANDERGEBIET MERAN 2000 MIT ZAHLREICHEN WANDERWEGEN UND URIGEN ALMHÜTTEN.

Panoramablick vom Infinity-Pool.
Grundriss. Blick auf den Spa-Bereich.

Gemeinsamer Wohnbereich.
Panoramablick vom Wellnessbereich.
Blick Außenpool von oben.

INFORMATIONEN. ARCHITEKTURBÜRO> ANAKO ARCHITECTURE // INNENGESTALTUNG> SEBASTIAN HATZFELDT // 1688, UMBAU 2013 UND 2021. CHALET> 120 QM // 4–6 GÄSTE // 2 SCHLAFZIMMER // 2 BADEZIMMER.
ADRESSE> GRANGENEUVE, SAINT-MARTIN, WALLIS, SCHWEIZ.
WWW.CHALET-2-SPHÈRES.CH

Innenansicht Wohnbereich. Chalet mit Bergen. Hauptansicht von unten. Außenansicht.

Chalet-2-Sphères

WALLIS, SCHWEIZ

Der Name Chalet-2-Sphères leitet sich von einem Obergeschoss aus 1688, saniert 2013, und einem dezidiert modern gehaltenen Untergeschoss ab. Eine alte, 1688 in Blockbauweise errichtete Scheune wurde Balken für Balken abgebaut. 20 Kilometer von ihrem bisherigen Standort entfernt wurde zunächst ein neues Untergeschoss in Sichtbeton errichtet sowie darüber eine neue Unterkonstruktion aus Holz und Stahl für die aufzusetzende alte Scheune. Um die neue Unterkonstruktion herum wurden die historischen Balken in ihrer alten Konstruktion originalgetreu, bis hin zu den alten Holzpfosten mit den darüber liegenden Mäusesteinen, wieder zusammengesetzt.

In liebevoller Kleinarbeit und mit viel Aufwand konnte die historische Scheune gerettet werden und ist weiterhin Zeugin alter Zeiten. Im Innenausbau werden diese zwei unterschiedlichen Sphären des Alten und Neuen fortgesetzt und stark akzentuiert.

Zusätzlich bietet das Obergeschoss eine exquisite Sammlung von bis zu 120 Jahre alten Tierpräparaten (keine Jagdtrophäen), wie sie z. B. in Naturkundemuseen zu finden sind. Für gute Unterhaltung und gemütliche Abende sorgt ein versteckt eingebautes Heimkino mit 75“-Bildschirm, eine große Audioanlage und eine umfangreiche Bibliothek.

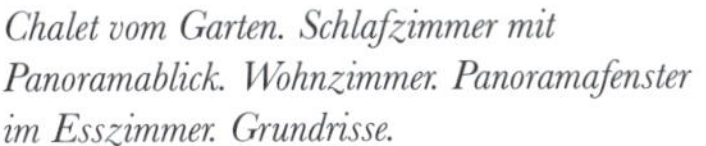

Chalet vom Garten. Schlafzimmer mit Panoramablick. Wohnzimmer. Panoramafenster im Esszimmer. Grundrisse.

SEHEN & ERLEBEN. DAS CHALET BESTICHT DURCH SEINE GANZ UNGEWÖHNLICH FREIE SICHT RUNDHERUM UND BIS ZU DEN GLETSCHERN UM DEN DENT D'HÉRENS (4.171 M) IM SÜDEN. ALS WEITERE BESONDERHEIT FINDET MAN DREI OBERHALB GELEGENE ALPSIEDLUNGEN WIE AUS DEM BILDERBUCH. VON OKTOBER BIS ANFANG NOVEMBER FÄRBEN SICH DIE LÄRCHEN GOLD – EIN IN SEINER INTENSITÄT UNGLAUBLICHES FARBSCHAUSPIEL. IM WINTER BIETEN SEHR SCHÖNE WANDERWEGE SOWIE MEHRERE NAHE GELEGENE SKIGEBIETE VIEL ABWECHSLUNG.

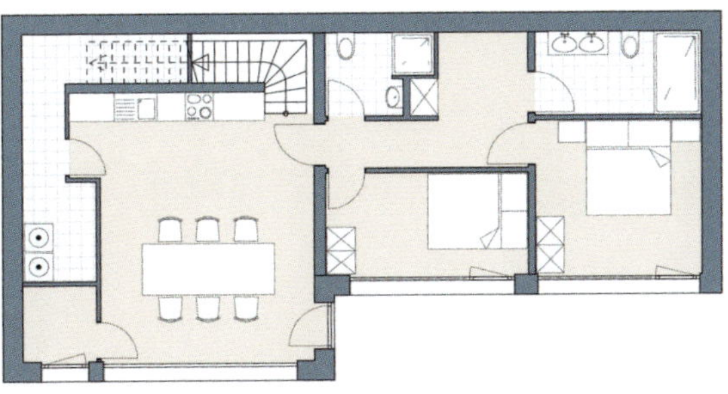

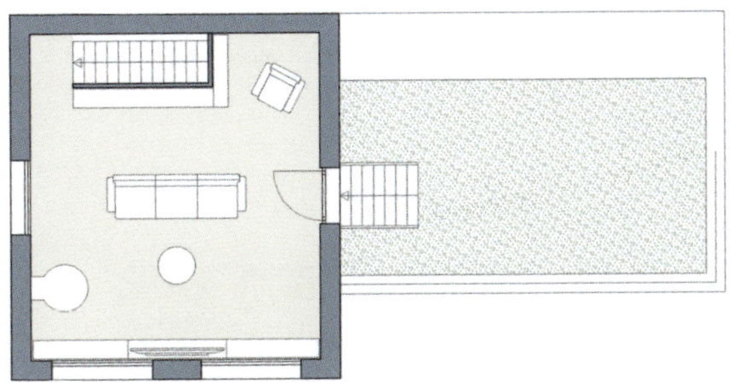

INFORMATIONEN. ARCHITEKTURBÜRO> OFIS ARCHITECTS // 2016. HÜTTE> 9,7 QM // 9 GÄSTE. ADRESSE> BERG KANIN, SLOWENIEN. WWW.PZS.SI

Kanin Winter Cabin

BERG KANIN, SLOWENIEN

Die Kanin Winter Cabin formt ein kompaktes Holzvolumen aus, das aus drei Bodenplattformen besteht, die in Richtung des Tals aufgehängt sind. Den vertikalen Abschluss bildet ein Panoramafenster, das eine atemberaubende Aussicht auf das umliegende Bergpanorama bietet. Die Geometrie der Hütte wurde unter Berücksichtigung von ihrem Gewicht und Gleichgewichtsverhalten so gestaltet, dass die Aufstellfläche auf dem Felsen möglichst klein ausfällt. Der Innenraum ist mit Holz ausgekleidet und bietet bis zu neun Bergsteigern Platz. Der Entwurf und die Konstruktion der Hütte mussten extreme Wetterbedingungen, radikale Temperaturschwankungen, Schnee, Erdrutsche und unwegsames Gelände berücksichtigen, die zu der spezifischen architektonischen Form und Struktur führten. Der Standort der Kanin Winter Cabin ist ausschließlich über Kletterpfade oder per Hubschrauber zu erreichen – daher wurden die einzelnen Module per Hubschraubereinsatz von den slowenischen Streitkräften angeliefert und konnten aufgrund von schlechten Wetterverhältnissen erst im dritten Anlauf positioniert und befestigt werden. Dieses Projekt zeigt, wie ein für den Menschen notwendiger Zufluchtsort unter Berücksichtigung des respektvollen und ressourcenschonenden Umgangs mit der Natur auch gleichzeitig gute Architektur, ein Solitär, eine Skulptur im Einklang mit den Bergen sein kann. Die Winterhütte wurde mithilfe von Spenden und vielen fleißigen freiwilligen Helfern realisiert.

Seitenansicht. Innenansicht der Hütte. Frontalansicht. Blick von unten.

Detail des Panoramafensters. Seitenansicht.
Hölzerne Innenausstattung. Modell.
Kanin Winter Cabin von unten.

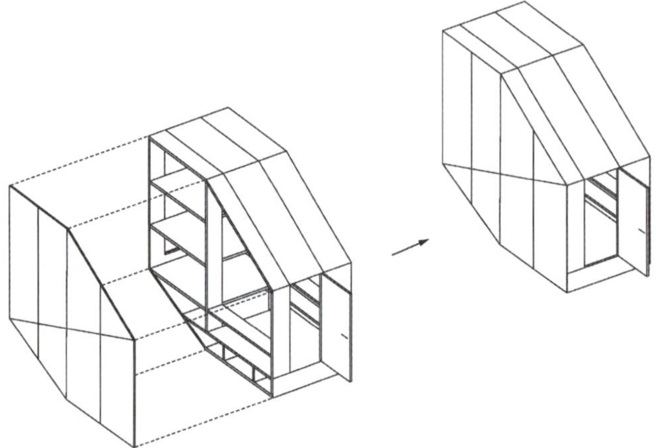

SEHEN & ERLEBEN. KANIN IST EIN BERG OBERHALB DER KLEINEN STADT BOVEC MIT SCHÖNEN FERIENORTEN IN DER NÄHE. DIE GEGEND IST FÜR IHRE ARCHÄOLOGISCHEN FUNDE BEKANNT UND DIENT WEGEN IHRER SCHÖNHEIT VIELEN FILMEN ALS KULISSE. VON DER KANIN WINTER CABIN HAT MAN EINEN 360-GRAD-BLICK ÜBER SLOWENIEN UND ITALIEN SOWIE EINE SPEKTAKULÄRE AUSSICHT AUF DEN TRIGLAV, DAS SOCA-TAL UND DIE ADRIA. SIE IST EIN ZIEL FÜR WANDERER, KLETTERER, HÖHLENFORSCHER, BERGSTEIGER, NATURLIEBHABER UND ROMANTIKER.

INFORMATIONEN. ARCHITEKTURBÜRO> NORBERT MARIA BRAUN / MUH2 GMBH UND JOHANNES HUMER – ARCHITEKT – HANDGEDACHT ZT E.U. // 2019. HÜTTE> 40 UND 75 QM // 2 UND 4–8 GÄSTE // 1 SCHLAFZIMMER UND 2 SCHLAFZIMMER + SCHLAFBODEN // 1 UND 2 BADEZIMMER. ADRESSE> SCHÖNEBEN 23, ULRICHSBERG, ÖSTERREICH. WWW.RAMENAI.AT

Die Ramenai

ULRICHSBERG, ÖSTERREICH

Die Ramenai ist kein klassisches Chaletdorf. Es ist ein Ort für alle, die die unaufgeregte Einfachheit suchen und die spannende Verbindung von Wald und Wohnen schätzen. Auf einer Lichtung mitten im Böhmerwald verteilen sich neun große und kleine Hütten. Die mit viel Sensibilität bewusst auf das Wesentliche ausgerichteten Häuschen entsprechen den Traditionen und dem Leben der Mühlviertler Waldbauern und Knechte. Ihr Leben lieferte die Vorlage für die Planung dieses einzigartigen Waldlerdorfes.

„Mit der Ramenai möchte ich Menschen zeigen, dass Zeit und Einfachheit heutzutage größter Luxus sind." Mit diesem Gefühl hat Günter Hofbauer, Gastgeber in der Ramenai, seine Vorstellung von zurückgenommenem und achtsamem Leben umgesetzt. Die Materialien sind echt und angenehm, die Räume bewusst knapp, damit aber sehr überzeugend. Die Hütten bieten alles, was man für unvergessliche Tage braucht und „a bisserl" mehr. Denn eine eigene Sauna pro Hütte gab es früher nicht. Wohl aber eine Schwarzkuchl, die sich in moderner Interpretation auch in den neuen Häusern wiederfindet. Aus Achtung vor der Natur wurde auf eine besonders schonende Bauweise höchste Priorität gelegt. Auf Beton oder Versiegelungen wurde komplett verzichtet. Alle beteiligten Gewerke kamen aus dem Mühlviertel und drumherum.

Außenansicht. Innenansicht Küche.
Detail Kamin im Wohnbereich. Innenansicht.

Schlafzimmer. Detail Sauna.
Wohnzimmer. Skizze Waldlerdorf.

SEHEN & ERLEBEN. EIN URLAUBSORT UMGEBEN VON VIEL URSPRÜNGLICHER NATUR. ERLEBNISWEGE, GIPFELTOUREN, IN DIE PEDALE TRETEN, KLETTERN, PADDELN ODER EINFACH DURCH DEN WALD SPAZIEREN – WER'S AKTIV MAG, KANN SICH IM BÖHMERWALD VIELSEITIG AUSTOBEN. AUCH DAS SKIGEBIET HOCHFICHT IST NUR 10 KM ENTFERNT. HIER IM DREILÄNDERECK ZWISCHEN ÖSTERREICH, BÖHMEN UND BAYERN LÄSST SICH ÜBERALL EINER WUNDERBAREN ALTEN KULTURLANDSCHAFT NACHSPÜREN UND SO MANCHES FAST VERGESSENE NEU ENTDECKEN. ALTES HANDWERK, ÜBERLIEFERTES WISSEN UND VERTRÄUMTE PLÄTZCHEN SIND GANZ BESONDERE ERLEBNISEINLADUNGEN.

Die Ramenai aus dem Wald.
Innenansicht Essbereich.

INFORMATIONEN. ARCHITEKTURBÜRO> MICHELE DE LUCCHI // 2020. HOTEL> 700 QM // 12 GÄSTE // 6 SCHLAFZIMMER // 6 BADEZIMMER + 1 SAUNA. ADRESSE> OBERRADEIN 59, RADEIN, ITALIEN. WWW.ZIRMERHOF.COM

Innenansicht Wohnzimmer.
Blick auf die Küche. Privatbalkon.
Häuser der Wiese von außen.

Ensemble mit Bergen.
Innenansicht.

Häuser der Wiese Zirmerhof

RADEIN, ITALIEN

Neue exklusive Wohnräume ergänzen die geschichtsträchtigen Räume des Zirmerhofs. Eine lineare Maisonette und ein kleiner rundlicher Pavillon sind so auf der Wiese vor dem historischen Hof angeordnet, dass sie den Blick von der Terrasse und den anderen Räumen des Bestandsgebäudes nicht beeinträchtigen.

Als moderne Interpretation der historischen Heustadel fügen sie sich harmonisch in den Kontext ein, großzügige Öffnungen geben den Blick in die wunderbare Natur frei. Beide Häuser haben ein rundes Dach, ohne Kanten und ohne Spitzen, mit einer zarten Beschichtung aus Lärchenschindeln. Die Zimmer befinden sich im Erdgeschoss mit direktem Zugang zur Wiese und im Obergeschoss, das entsprechend des historischen Vorbildes direkt vom gepflasterten Vorplatz aus zugänglich ist. Der erste Stock ist zugleich auch der Dachboden – genau wie es in den alten Stallungen war, unten befanden sich die Kühe und oben das Heu. In beiden Gebäuden dominiert nur ein Material: Konstruktion, Dachschindeln, Innenwände, Türen, Fenster und Möbel sind konsequent aus Holz gestaltet und sorgen nicht nur für eine nachhaltige und traditionelle Bauweise, sondern schaffen auch viel Wärme und Behaglichkeit. Der auf den Ort bezogene Entwurf greift die alte Philosophie des Zirmerhofs auf: Jedes Detail verdient Aufmerksamkeit und wird mit Sorgfalt entwickelt. „Wo auch immer man hinschaut, findet der Geist seine Ruhe."

Außenansicht Eingang. Detail Badezimmer.
Innenansicht Zimmer.

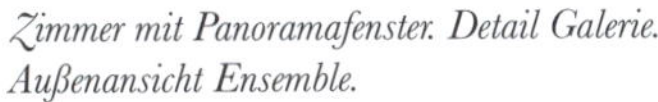

Zimmer mit Panoramafenster. Detail Galerie. Außenansicht Ensemble.

SEHEN & ERLEBEN. DIE UMGEBUNG LOCKT MIT ZAHLREICHEN AUSFLUGSZIELEN: DIE BLETTERBACHSCHLUCHT SAMT GEOPARC GILT ALS EINMALIGE ATTRAKTION IN GANZ EUROPA. AUCH SCHLÖSSER UND BURGEN, EIN SKULPTURENWEG, DER DÜRERWEG SOWIE MUSEEN BELOHNEN BESUCHER UND BETRACHTER. ENTLANG DER WEINSTRASSE LADEN WEINGÜTER UND KELLEREIEN ZUR BESICHTIGUNG UND VERKOSTUNG EIN. TAGESAUSFLÜGE AN DEN GARDASEE, IN DIE LAGUNENSTADT VENEDIG, NACH MANTUA ODER VERONA VERMITTELN OBERITALIENISCHE KULTUR UND LEBENSART.

Alpenkarte

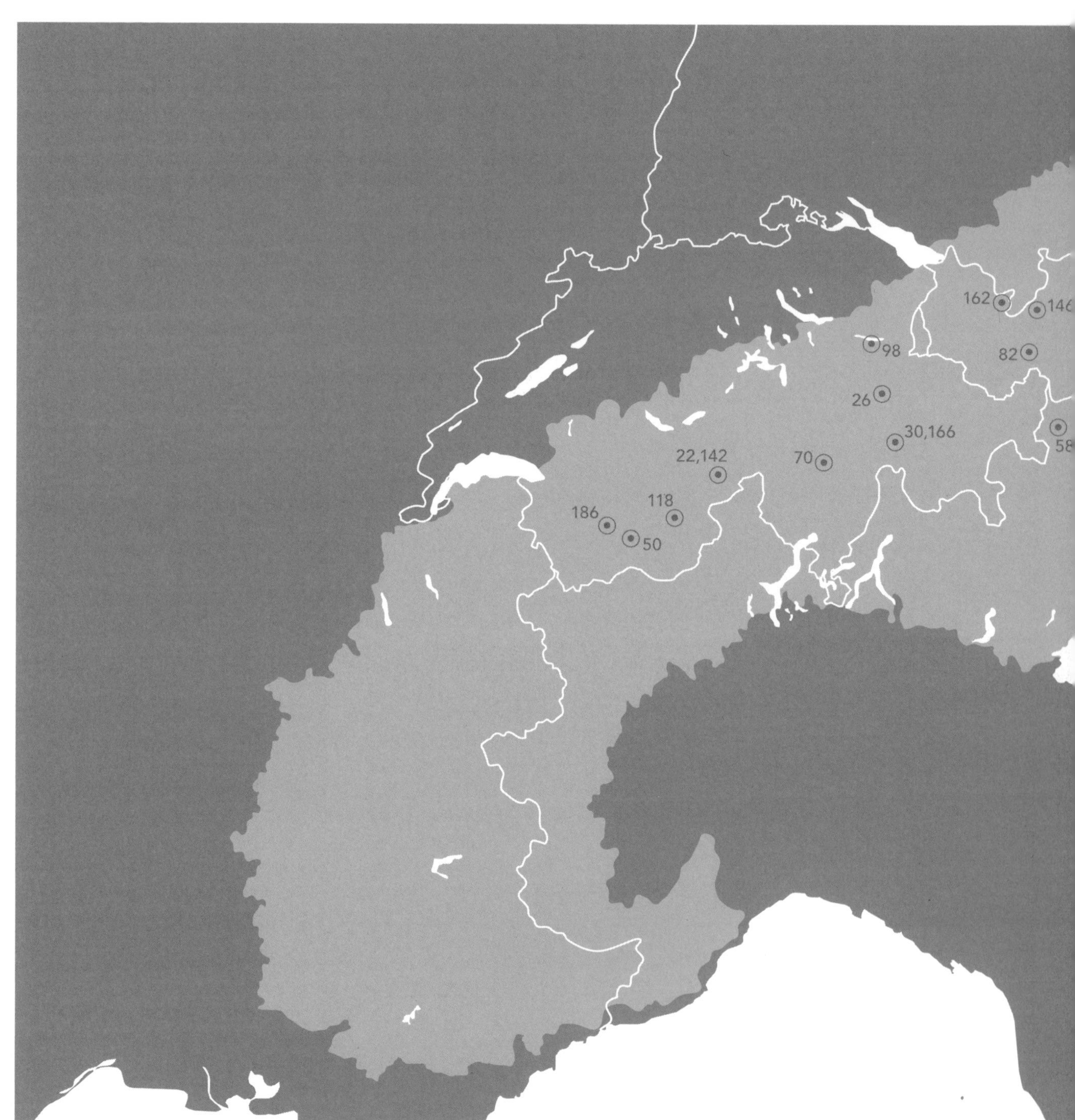

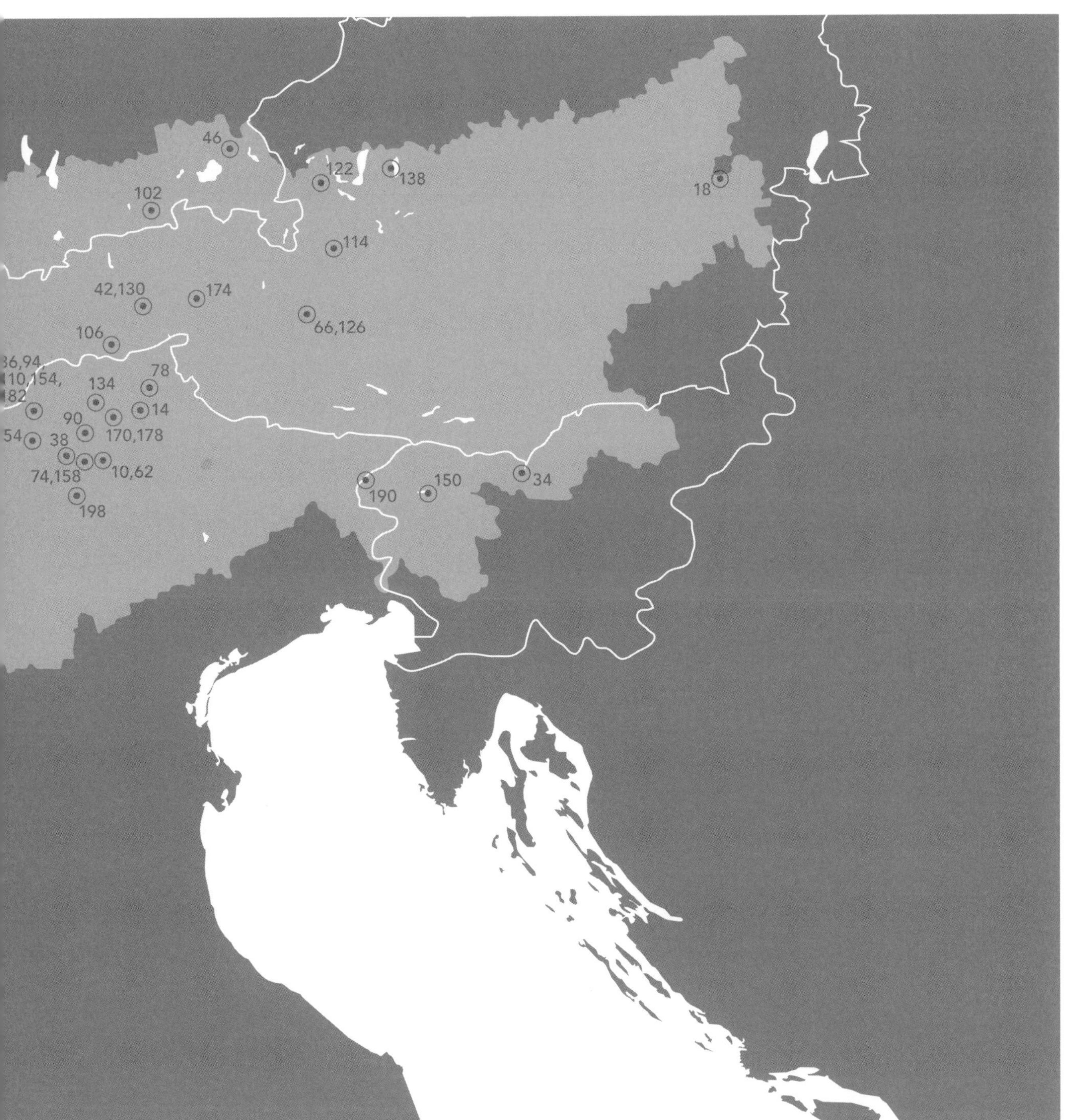
46
122
138
18
102
114
42,130
174
66,126
106
78
134
14
90
170,178
38
10,62
74,158
198
190
150
34

Bildnachweis

Tonatiuh Ambrosetti, Montricher 70–72, 73 r.
Yvonne Aschoff 105 o.
Benglerwald Berg Chaletdorf, Bach 146–149
Alan Bianchi 90 u., 91 o., 92, 93 o.
Brandnamic 62–65
brüderl. | 83301 Traunreut 46–49
Michael Buchleitner und Pilo Pichler 138–141
Anze Cokl 34 o. l., 34 u., 35 o. l. und r., 37 o. l.
Dahoam Schenna 154–157
DAV Sektion Neumarkt 106–109
Die Ramenai / Ulrichsberg 194–197
Hauke Dressler 67
Felix Feuersinger, Mittersill 177
Alex Filz 10–13, 74–77, 94–97, 158, 159 o. und u. r., 160–161
flohner.com 122 u., 123 o., 124–125
focusdesign – Arnold Ritter 78, 79 u., 80 o. l. und r., 81
Gataric Fotografie / Zürich 22–25
Gebauer.Wegerer.Wittmann Architekten, Regensburg 21 o. l.
Dr. Stefan Gergely, Wien 18 l., 21 u. r.
Ales Gregoric 152, 153 o. l., 191 o.
Andrej Gregoric 37 r.
Domenikus Gruber 90 o., 91 u., 93 u.
Theresia Harml / Wolfgang Stadler Fotograf 114–117
Rainer Hoffmann 103 u., 104 l.
Michael Huber | huber-fotografie.at 122 o., 123 u., 174–176
Ziga Intihar 150–151, 153 u. l., 153 o. und u. r.
Oliver Jaist 42–45
Tobias Kaser Photography, Brixen 9 l., 178–181
Daniela Kienzler 30–33
Robert Kittel 66 r., 69 o. l.
Manuel Kottersteger 80 u. r.
Herbert Lehmann, Wien 18 r., 19–20, 21 u. l.
Olivier Maire, Bramois, Switzerland 50, 52 l.
Giorgio Marafioti, Agno 73 l.
Janez Martincic 8 r., 34 o. r., 35 u. r., 36, 190, 191 u., 192–193
Norman A. Müller / nam architekturfotografie 163, 164 o., 165 u. r.
MUNICH with us 79 o.
Nadia Neuhaus 142 r., 143–144, 145 u. l., 145 o. und u. r.
Hannes Niederkofler 170 o., 172
Mark Nolan 2018 26–29
Davide Perbellini / Meran 38–41, 112, 182 o. und u. r., 185 u. l.
Christian Pfammatter, Visp, Schweiz 118 r., 121 u. l., 121 o. r.
Vera Prinz 103 o.
RADON PHOTOGRAPHY / Norman Radon 162, 164 u., 165 o. und u. l., 165 o. r.
René Riller / Schlanders (BZ) 110–111, 113
Max Rommel 198–201
Andre Schönherr 130–133
Patrick Schwienbacher / Lana 86–88, 89 u. l., 89 o. und u. r.
Nicolas Sedlatchek, Sion, Switzerland 8 l., 51, 52 r., 53
Ann-Kathrin Singer 102, 104 r., 105 u.
Tiberio Sorvillo / Ritten 9 o. r., 159 l., 182 l., 183–184, 185 o. l., 185 o. und u. r.
Charis Stank 142 l., 145 o. l.
Charlotte Stoffels 69 o. r.
Cathrine Stukhard 69 u. l.
Armin Terzer / Lana 89 o. l.
VENTIRAARCHITEKTEN GMBH \ Diepoldsau 82–85
Klaus Vyhnalek 68 o., 126–129
Richard Watzke 21 o. r.
Gustav Willeit 9 u. r., 14–17, 54–57, 134–137, 170 u., 171, 173
YANNICK ANDREA 166–169
Daniel Zangerl 58–61

Alle anderen Bilder wurden von den Architekten, Designern oder Betreibern zur Verfügung gestellt.

Titelseite: Tobias Kaser Photography, Brixen. Rückseite (von links nach rechts, von oben nach unten): Andre Schönherr, Alan Bianchi, Alex Filz, Gustav Willeit.

Die Deutsche Nationalbibliothek verzeichnet diese Publikation in der Deutschen Nationalbibliografie; detaillierte bibliografische Daten sind im Internet über http://dnb.dnb.de abrufbar.

ISBN 978-3-03768-271-5
© 2022 Braun Publishing AG
www.braun-publishing.ch

Dieses Werk ist urheberrechtlich geschützt. Jede Verwendung außerhalb der engen Grenzen des Urheberrechtsgesetzes, der keine Berechtigung durch den Verlag erteilt wurde, ist unbefugt und strafbar. Dies gilt insbesondere für Vervielfältigungen, Übersetzungen, Mikroverfilmung und das Abspeichern oder die Verarbeitung in elektronischen Systemen.

2. Auflage 2024

Redaktion: Sibylle Kramer
Mitarbeit Redaktion und Layout:
María Barrera del Amo, Alessia Calabrò
Übersetzung: Sandra Ellegiers
Grafisches Konzept: Michaela Prinz, Berlin
Reproduktion: Bild1Druck GmbH, Berlin

Alle Informationen in diesem Band wurden mit dem besten Gewissen der Redaktion zusammengestellt. Das Buch basiert auf den Informationen, die der Verlag von Architekten- und Designbüros erhielt und schließt jegliche Haftung aus. Der Verlag übernimmt keine Verantwortung für die Richtigkeit und Vollständigkeit sowie Urheberrechte und verweist auf die angegebenen Quellen (Architekten- und Designbüros sowie Betreiber). Alle Rechte an den Fotografien sind im Besitz der Fotografen (siehe Bildnachweis).